EINFACH GUT

BEATRICE AEPLI

THAILAND

FALKEN

Inhalt

Zu diesem Buch

Mit allen Sinnen genießen! Dieses Motto könnte man für die thailändische Küche mit ihren wunderbaren Zutaten ausrufen. Auf einem thailändischen Markt kann man dies erleben. In ungeheurer Farbenpracht leuchten die überreichen Obst- und Gemüsestände. Das Aroma von Chilis, Ingwer, Koriander und Knoblauch liegt in der Luft.
So ist auch die thailändische Küche von fröhlicher Buntheit und intensivem Geschmack, ob würzig, scharf oder fruchtig süß, geprägt. Die geographische Lage des Landes, seine geschichtliche Entwicklung, seine Kultur und nicht zuletzt seine Religion, der Buddhismus haben in der thailändischen Esskultur ihren Niederschlag gefunden.
Für die Thais, gleich welcher sozialen Schicht sie angehören, bildet Essen den Mittelpunkt der Geselligkeit. Beim Kochen und Anrichten kennen Fantasie und Variationsfreudigkeit keine Grenzen.
Lassen Sie sich von dieser Lebensfreude inspirieren. Auch bei uns bekommt man inzwischen problemlos die meisten Gewürze, Gemüsesorten und Früchte, die man für die thailändische Küche benötigt.
Folgen Sie uns in die bunte, duftende Welt der Thai-Küche, und verwöhnen Sie sich und Ihre Gäste mit den Gerichten aus diesem Buch.

Infos zu den Rezepten

Die Portionsangaben
Alle Rezepte dieses Buches sind für 4 Personen berechnet.

Die Zubereitungszeiten
Die in jedem Rezeptkopf angegebene Zubereitungszeit umfasst die Vorbereitungs- und Garzeit. Eventuelle Sonderzeiten, wie Zeit zum Marinieren, werden extra im Rezeptkopf ausgewiesen und müssen zur Zubereitungszeit hinzugerechnet werden. Alle Zeitangaben beruhen auf durchschnittlichen Erfahrungswerten. Abweichungen können aufgrund der Beschaffenheit von Zutaten, Kochgeschirr und Herd auftreten.

Die Kalorienangaben
Sie beziehen sich in der Regel auf 1 Portion.

Die Backofentemperatur
Die Temperaturangaben beziehen sich auf einen herkömmlichen Elektroofen mit Ober- und Unterhitze.

Die Abkürzungen

EL	=	Esslöffel (gestrichen)
TL	=	Teelöffel (gestrichen)
Msp.	=	Messerspitze
Bd.	=	Bund
P.	=	Päckchen
ml	=	Milliliter
l	=	Liter
kcal	=	Kilokalorien
Min.	=	Minuten
Std.	=	Stunden
getr.	=	getrocknet
TK-…	=	Tiefkühl…
F.i.Tr.	=	Fett in der Trockenmasse
St.	=	Stück

Die Küche Thailands

Die Thai-Küche ist eine unverwechselbar eigenständige Küche, geprägt von unnachahmlicher Erfindungs- und Improvisationsgabe. Alle verwendeten Zutaten werden frisch zu verlockend duftenden und köstlich schmeckenden Speisen bereitet. Eine feste Menüfolge beachten die Thais nicht, denn es wird alles gleichzeitg serviert. Zur Essenstafel gehören kalte und warme Salate mit vielen Kräutern. Meerestiere wie Garnelen und Fisch, etwa der berühmte Red Snapper, kommen von der Küste direkt auf den Tisch. Hinzu kommen die unterschiedlichsten Gemüsesorten und die vielfältigen Gewürze. Reis bildet die Grundlage eines jeden Essens. Dazu gibt es noch frisches Obst und bei Festen ein oder zwei Süßspeisen.

Der Reis – das Lebensmittel Nummer 1

Reis ist das wichtigste und älteste Nahrungsmittel Thailands. Das thailändische Wort für „essen“ ist gleich bedeutend mit dem für „Reis zu sich nehmen“ – schon daran erkennt man, welchen Stellenwert der Reis in der Thai-Küche einnimmt. Sehr wahrscheinlich kommt der Reis sogar ursprünglich aus Thailand.
Schon zum Frühstück nehmen Thais gerne eine leichte Reissuppe und kleine Häppchen aus Fisch, Fleisch oder Gemüse zu sich. Bei einem thailändischen Mahl, das meist abends eingenommen wird, steht immer weißer Reis in der Mitte der Tafel.
In der thailändischen Küche werden vor allem zwei Sorten Reis unterschieden: Langkornreis und Klebreis. Verwenden Sie keinen Parboiled-Reis, sondern ganz normalen weißen **Langkorn**-(Patna-) Reis, oder noch besser thailändischen Duftreis (in Asienläden erhältlich) oder indischen Basmatireis. Für 4 Personen rechnet man 250 g. Zuerst wäscht man den Reis unter fließendem kaltem Wasser und spült ihn solange, bis das Wasser klar bleibt. Dann lässt man den Reis abtropfen und kocht ihn gut in der eineinhalbfachen Menge Wasser im offenen Topf 5 bis 8 Minuten bei starker Hitze. Dann verschließt man den Topf und lässt den Reis bei milder Hitze noch 15 bis 20 Minuten ausquellen. Die Körner sollen ganz zart aneinander haften.
Klebreis wird meist für Süßspeisen verwendet. Er verklebt beim Kochen zu einer breiigen Masse. Man muss ihn etwa 2 Stunden lang in kaltem Wasser quellen lassen, bevor man ihn in der eineinhalbfachen Menge Wasser gart. Man lässt ihn für etwa 20 Minuten köcheln.

Nudeln

Nudeln dienen ebenfalls neben Reis als Grundnahrungsmittel und sind Bestandteil vieler Gerichte. Sie werden auf unterschiedliche Weise hergestellt.
Reisnudeln werden aus Reismehl hergestellt und als schmale oder breite Nudeln verkauft. Meist verwendet man die dünnen Reisnudeln von 1 bis 2 mm Dicke. Man überbrüht sie mit kochendem Wasser, lässt sie einige Minuten quellen und anschließend abtropfen. Dann können sie weiterverarbeitet werden.
Glasnudeln werden aus Mungobohnenmehl hergestellt und müssen eingeweicht werden, bevor man sie weiterverarbeitet. Sie sind sehr fein und werden beim Kochen transparent.
Eiernudeln werden aus Weizenmehl und (Enten-)Eiern hergestellt und sind spa-

ghettidünn. Wir können sie auch unter der Bezeichnung »Mie Hoen« kaufen. Eiernudeln werden ganz kurz in Salzwasser gekocht.
Die genannten Nudelsorten sind in Asienläden und auch häufig in den Feinkostabteilungen der Supermärkte zu erhalten.

Fische und Meeresfrüchte
Durch seine Lage am Indischen Ozean und am Golf von Siam verfügt Thailand über einen immensen Reichtum an Fischen und Meeresfrüchten. Auch die Flüsse im Landesinneren sind reich an Fischen. Um die Reisfelder zu bewässern, baute man Tausende von Kilometern Wasserkanäle, die ebenso wie die überfluteten Reisfelder von Fischen bevölkert sind. In Bangkok heißen die vielen Wasserstraßen »kiongs«. Sie werden als Verkehrswege und Wohnstätten benutzt. Der beliebteste und feinste (aber auch teuerste) Seefisch ist der silberne oder weiße Pomfret, auch Pompano und auf deutsch Butterfisch genannt. Er hat festes, weißes, äußerst delikates Fleisch und ist im ganzen indopazifischen Raum sehr beliebt. Bei uns wird er sicher nur schwer zu haben sein, deshalb müssen wir auf einen Ersatz zurückgreifen, und da wären Heilbutt, Seeteufel und Seezunge die beste Lösung. Außerdem werden in der Thai-Küche Dorsch, Seehecht, Makrele, Barbe, Brasse, Barsch und Thunfisch verarbeitet. Dorsch, Barbe, Barsch und Brasse müssen vor Gebrauch geschuppt werden, dies besorgt auf Wunsch sicher der Fischhändler. Fische werden meist im Ganzen zuberei-

tet, aber wem das zu schwierig ist, der kann auch Fischfilet nehmen. Die großen Hummerkrabben (Garnelen) sind bei den Thais ebenfalls sehr beliebt.

Gemüse und Früchte

Neben den vielen Gewürzen hat Thailand auch eine schier unendliche Vielfalt an Obst und Gemüse, die man auf den bunten Märkten bewundern kann. Dazu gehören verschiedenste Formen von Auberginen, der Thailändische Brokkoli und Bambussprossen. Blumenkohl, Zuckerschoten und Bohnen kann man ebenso auf den Märkten finden. Auch Obst gibt es im ganzen Land in verschwenderischer Fülle. Ananas, Bananen, Litschis, Mangos, Papayas und Rambuten sind nur einige Vertreter der üppigen Vielfalt. Inzwischen sind fast alle typischen Obst- und Gemüsesorten auch bei uns auf Wochenmärkten, in guten Gemüseläden und Supermärkten erhältlich.

Gewürze

Gerade bei der Verwendung von Gewürzen haben die Thailänder Gebräuche anderer asiatischer Länder übernommen. So kommt aus China die Sitte, bei einem Mahl fünf verschiedene Geschmacksrichtungen anzubieten und zwar bitter, scharf, süß, salzig und sauer.
Die Vorliebe für scharf gewürzte Speisen und die Technik, zuerst eine Gewürzpaste herzustellen und diese dann in der Pfanne zusammen mit den anderen Zutaten zu braten, haben die Thais mit den Indern gemein. Unter Curry versteht man in beiden Ländern nicht das gleichnamige Gewürz, sondern ein Gericht mit Sauce, egal ob es mit Fisch, Fleisch oder Gemüse zubereitet wird. Die Gewürzmischung „Curry“ besteht aus bis zu 20 verschiedenen Zutaten. Dieses Pulver sollten Sie bei der Zubereitung asiatischer Gerichte nicht verwenden, sondern wie in Thailand üblich die Gewürzpaste immer frisch selbst zubereiten. Ein Curry ist also nichts anderes als eine bestimmte Art der Zubereitung einer Speise. Zuerst röstet man eine Gewürzpaste in der Pfanne an, gibt dann die restlichen Zutaten dazu, gießt Wasser, Brühe oder Kokosmilch an und lässt das Ganze garen. In Thailand sagt man zu einem Curry »gaeng« (sprich gääng) und bezeichnet damit auch gehaltvolle Suppen und Eintöpfe.
Auch Ingwer, Kardamom, Koriander und Galgant sind wichtige Bestandteile der aromatischen thailändischen Küche. Kokosmilch wird gerne als Beigabe verwendet, um die Schärfe der Speise zu mildern.

Küchengeräte und Garmethoden

Für die Herstellung von Gewürzpasten ist ein Mörser unentbehrlich. Er sollte aus nicht zu glattem Stein bestehen, da sich darin die Gewürze am besten zerstoßen lassen. Notfalls lässt sich dies aber auch in einer Kaffeemühle oder in einem Mixer bewerkstelligen.
Die wichtigste Garmethode ist das Pfannenrühren. Dabei garen die aus kleingeschnittenen Zutaten bestehenden Speisen in heißem Fett und werden mit einem Löffel oder einem langen Spatel ständig umgerührt. Der ganze Vorgang dauert meist nur wenige Minuten, deshalb muss man darauf achten, dass man vorher alle Zutaten griffbereit arrangiert hat. Beim

Pfannenrühren bleibt das Gargut durch die kurze Garzeit saftig. Knoblauch sollte man immer erst zum Schluss in die Pfanne geben, da er sehr schnell verbrennt und dann die Speisen bitter macht.
Die zweitwichtigste Garmethode ist das Dämpfen. Hierzu benötigt man außer einem Wok bzw. großen Topf entweder ein Dämpfkörbchen aus Bambus oder einen Metalleinsatz mit Siebboden. Und so wird's gemacht: Zuerst Wasser 3 bis 4 cm hoch in den Wok oder die Pfanne geben. Anschließend das Wasser erhitzen, den Dämpfeinsatz in den Wok bzw. in die Pfanne setzen und alles mit einem Deckel verschließen. Nach etwa 2 Minuten die Speisen in den Dämpfeinsatz legen und bei starker Hitze etwa 5 Minuten dämpfen. Danach bei mittlerer Hitze weiterdämpfen, bis die Speisen gar sind.
Aber auch ohne speziellen Dämpfeinsatz können Sie dämpfen. Stellen Sie eine Schale oder eine breite Tasse in einen mit wenig Wasser gefüllten Topf, und legen Sie darauf einen Teller mit dem zu dämpfenden Gargut.
Nehmen Sie während des Dämpfens so selten wie möglich den Deckel des Woks bzw. Topfes ab. Dennoch sollten Sie immer auf ausreichend Wasser im Topf achten. Ein kleiner Tip: Durch einfaches Klopfen an den Rand des Woks bzw. Topfes kann man feststellen, ob noch genügend Wasser vorhanden ist. Ein heller Ton besagt eine ausreichende Wassermenge, bei einem dumpfen Ton sollten Sie heißes Wasser nachfüllen. Das Dämpfen ist eine besonders schonende Garmethode: Die Speisen bewahren ihr Aroma, und es gehen keine Mineralstoffe und Vitamine durch Ausschwemmen verloren. Außerdem sind gedämpfte Speisen kalorienarm, da man sie ohne Fett zubereiten kann.
Eine weitere Garmethode ist das Schmoren. Zum Braten und Schmoren benutzt die thailändische Hausfrau die »khathe«, die dem hierzulande schon recht gebräuchlichen Wok entspricht. Natürlich erzielt man in einer Pfanne, vorzugsweise aus Gusseisen, genauso gute Resultate.
Zum Fritieren ist natürlich eine Friteuse ideal. Wer keine hat, nimmt eine tiefe Pfanne oder einen Topf. Zum Ausbacken eignet sich Pflanzenöl, auf keinen Fall aber Butter oder Margarine (die in der Thai-Küche überhaupt nicht verwendet werden). Das Fett muss auf 180 °C erhitzt werden, was man mit Hilfe eines Holzstäbchens feststellen kann: Man taucht es kurz in das heiße Öl, und wenn dieses aufschäumt, ist die gewünschte Temperatur erreicht. Es ist besser, nicht zu viele Zutaten auf einmal auszubacken, da das Öl sonst zu stark abkühlt und die Speisen nicht richtig garen können.
Gegrillt wird in Thailand meist im Freien auf einem Holzkohlengrill. Die Speisen werden vorher meist in einer Mischung aus Öl, Sojasauce und/oder Gewürzen mariniert.

Getränke

Thais trinken selten Alkohol zum Essen, lieber frisches Wasser, Tee oder Fruchtsäfte. Bier ist ein guter Begleiter zu den meist scharfen und kräftig gewürzten Speisen, während Wein eigentlich nicht passt. Wer trotzdem Wein trinken möchte, wählt am besten einen trockenen Weißwein mit wenig Säure.

ca. 2 Stunden

ca. 390 kcal

Für die Suppe:
- 1 St. Galgantwurzel (ca. 2 cm lang)
- 2 Stiele Zitronengras
- 4 Knoblauchzehen
- 2 große grüne Chilischoten
- 2 große rote Chilischoten
- 500 g Rindfleisch (Schulterstück)
- 1 kleiner Weißkohl (ca. 500 g)
- 6 Zitronenblätter
- 1 EL Limettensaft
- 6 EL Fischsauce
- schwarzer Pfeffer aus der Mühle

Für das Omelett:
- 3 frische Eier
- 1 EL Öl

1. Die Galgantwurzel schälen und in feine Scheiben schneiden. Das Zitronengras waschen, trockentupfen und jeweils 3 bis 4-mal knicken.

2. Die Knoblauchzehen schälen und in feine Scheibchen schneiden. Die Chilischoten waschen, der Länge nach aufschneiden, entkernen und in Ringe schneiden. Die roten und die grünen Ringe in separate Schüsseln geben und beiseite stellen.

3. Das Fleisch unter fließendem Wasser gründlich abspülen und danach trockentupfen. Es in etwa 1 cm dünne Scheiben und dann in 5 cm lange Streifen schneiden. Von dem Weißkohl die äußeren Blätter entfernen. Ihn vierteln, die harten Strünke herausschneiden und anschließend in kleine Streifen schneiden.

4. Die Zitronenblätter waschen, trockentupfen und mit der Galgantwurzel, dem Zitronengras, dem Knoblauch, den grünen Chiliringen und dem Fleisch in einen Topf geben. 500 ml Wasser angießen und das Ganze etwa 1 1/2 Stunden zugedeckt bei schwacher Hitze köcheln lassen.

5. Die Zitronenblätter und das Zitronengras aus der Suppe nehmen. Die Suppe mit Limettensaft, Fischsauce und Pfeffer abschmecken. Den Weißkohl und die roten Chiliringe dazugeben und die Suppe etwa 5 Minuten weiterköcheln lassen.

6. Inzwischen für die Omeletts die Eier in einer Schüssel aufschlagen und mit einer Gabel kräftig verquirlen. Das Öl in einer beschichteten Pfanne erhitzen. Die Eier in die Pfanne geben und ein Omelett backen, bis die Eiermasse stockt.

7. Das Omelett aus der Pfanne nehmen und zusammenrollen. Die Rolle in schmale Streifen schneiden und diese in die Suppe geben.

Entensuppe mit Reisnudeln

ca. 1 1/2 Stunden

ca. 680 kcal

Für das Entenfleisch:

- **1 Entenbrust (ca. 250 g)**
- **2 Knoblauchzehen**
- **1 St. Ingwerwurzel (ca. 1 cm lang)**
- **1 ganzer Koriander mit der Wurzel**
- **1 EL Sojasauce**
- **2 EL Reiswein**
- **2 El Erdnussöl (ersatzweise Pflanzenöl)**

Für die Suppe:

- **1 Möhre**
- **2 Zwiebeln**
- **3 Knoblauchzehen**
- **1 kg Hühnerklein (TK-Ware)**
- **2 kleine rote Chilischoten**
- **150 g Reisnudeln**
- **4 EL Fischsauce**
- **4 EL Sojasauce**
- **etwas Salz**
- **schwarzer Pfeffer aus der Mühle**

1. Die Entenbrust abspülen und trockentupfen. Das Fett von der Entenbrust vollständig wegschneiden.

2. Die Knoblauchzehen und die Ingwerwurzel schälen. Den Koriander waschen und trockentupfen. Das Koriandergrün abschneiden und beiseite stellen. Die Korianderwurzel ebenso wie den Knoblauch und den Ingwer grob hacken. Alles zusammen im Mörser zerstoßen. Die Sojasauce und den Reiswein dazugeben und miteinander vermengen.

3. Das Fleisch mit dieser Marinade bestreichen und etwa 30 Minuten im Kühlschrank durchziehen lassen.

4. Für die Suppe die Möhre schälen und in Rädchen schneiden. Die Zwiebeln und die Knoblauchzehen schälen und fein hacken.

5. Etwa 1 1/2 Liter Wasser mit dem Hühnerklein in einen großen Topf geben und aufkochen. Den Eiweißschaum, der dabei an der Oberfläche entsteht, mit einer Schaumkelle abschöpfen.

6. Die Möhre, die Zwiebeln, Knoblauch und die gewaschenen, ganzen Chilischoten hinzufügen und die Suppe etwa 1 Stunde bei schwacher Hitze zugedeckt köcheln lassen.

7. Die Reisnudeln in einer Schüssel mit siedendem Wasser übergießen und für etwa 10 Minuten darin einweichen. Das Wasser abgießen und die Nudeln mit kaltem Wasser abschrecken. Anschließend die Nudeln einige Male durchschneiden.

8. Das Fleisch aus der Marinade nehmen und gut abtropfen lassen, dabei die Marinade auffangen. Das Öl in einer Pfanne erhitzen und das Fleisch darin von beiden Seiten je etwa 4 Minuten braten.

9. Das Fleisch etwas abkühlen lassen. Es dann in sehr dünne Scheiben und diese in etwa 1 cm kleine Stücke schneiden.

10. Die Suppe absieben und die Brühe zurück in den Topf gießen. Die Fleischstücke zusammen mit der restlichen Marinade sowie die Nudeln hinzufügen. Die Suppe aufkochen und mit Fisch-, Sojasauce, Salz und Pfeffer würzen.

11. Die Korianderblättchen von den Stielen zupfen, grob hacken und in die Suppe geben.

Kürbissuppe mit Kokossahne

aromatisch · sahnig

1. Den Kürbis schälen, von dem weichen Faserteil und den Kernen befreien und das feste Fruchtfleisch in etwa 1 cm dicke Würfel schneiden. Die Chilischoten waschen, längs aufschneiden und entkernen. Die Schalotten schälen und beides fein hacken.

2. Die Chilischoten und die Schalotten zusammen mit den getrockneten Garnelen im Mörser zerstoßen. Die Kaffir-Zitrone mit lauwarmem Wasser abwaschen, trockenreiben und die Schale abreiben. Den Mörserinhalt mit der Zitronenschale und der Fischsauce zu einer einheitlichen Paste verrühren.

4. Die Kokosmilch in einem Topf aufkochen. Die Garnelen-Chili-Paste und den Kürbis dazugeben. Alles zugedeckt etwa 10 Minuten bei schwacher Hitze köcheln lassen, bis der Kürbis weich ist.

5. Das Thai-Basilikum waschen. Die Blätter von den Stielen zupfen, grob hacken und zur Suppe geben.

(auf dem Foto)

ca. 30 Minuten
ca. 90 kcal

- 300 g Speisekürbis
- 2 kleine rote Chilischoten
- 2 Schalotten
- 1 EL getrocknete Garnelen
- 1 Kaffir-Zitrone
- 2 EL Fischsauce
- 800 ml ungesüßte Kokosmilch (aus der Dose)
- 2 Zweige Thai-Basilikum

unkompliziert · mild **MAISSUPPE**

evtl. Auftauzeit: 30 Min.
ca. 35 Minuten
ca. 190 kcal

- 2 EL Tamarinden-extrakt
- 1 St. Ingwerwurzel (ca. 1 1/2 cm lang)
- 2 Knoblauchzehen
- 400 g Zucchini
- 2 kl. rote Chilischoten
- 1 EL Öl • 1 l Hühnerbrühe • 2 Stiele Zitronengras • 300 g junge Maiskölbchen (frisch oder aus dem Glas)
- 2 EL Limettensaft
- 100 g vorgekochte Shrimps ohne Schalen (frisch oder TK-Ware)
- 3 Zweige Koriander

1. Das Tamarindenextrakt mit 100 ml warmem Wasser übergießen und etwa 10 Minuten stehen lassen. Dann gut durchkneten, bis sich die Kerne lösen. Den dunkelbrauner Sud durch ein grobmaschiges Sieb streichen.

2. Ingwer schälen, in dünne Scheiben schneiden und fein hacken. Die Knoblauchzehen schälen und ebenfalls fein hacken. Zucchini waschen und in etwa 3 cm lange Stäbchen schneiden. Chilischoten waschen, längs halbieren, entkernen und fein hacken.

3. Das Öl erhitzen und den Ingwer und den Knoblauch darin kurz braten. Das Ganze mit der Brühe ablöschen und den Tamarindensaft zufügen.

4. Gewaschene Zitronengrasstiele jeweils 3 bis 4-mal knicken. Maiskölbchen mit dem Zitronengras, Limettensaft, den Zucchini und Chilis in die Brühe geben. Etwa 5 Minuten köcheln lassen.

5. Das Zitronengras aus der Suppe nehmen und Garnelen hinzufügen. Suppe mit Korianderblättchen bestreuen.

Glasnudelsuppe *sommerlich · leicht*

1. Die Glasnudeln mit kochendem Wasser übergießen und für etwa 5 Minuten einweichen. Sie abschrecken und einige Male durchschneiden.

2. Den Spinat verlesen und gründlich waschen. Die Sojabohnensprossen in einem Sieb kurz abspülen und abtropfen lassen. Das Fleisch in etwa $^1/_2$ cm dünne und 5 cm lange Streifen schneiden.

3. 1 Liter Wasser zusammen mit der Fischsauce und dem Pfeffer aufkochen. Das Fleisch hinzufügen und etwa 15 Minuten bei schwacher Hitze zugedeckt köcheln lassen, bis es weich ist.

4. Knoblauchzehen fein hacken. Das Öl erhitzen und den Knoblauch darin goldbraun braten. Ihn beiseite legen. Koriander waschen und die Blättchen abzupfen.

5. Die Sprossen und den Spinat in die Suppe geben und alles aufkochen. Glasnudeln und Knoblauch dazugeben, nochmals aufkochen lassen. Zum Schluss die Korianderblätter darauf streuen.

ca. 35 Minuten
ca. 170 kcal

- 75 g Glasnudeln
- 100 g thailändischer Senfspinat (ersatzweise frischer Blattspinat)
- 100 g Sojabohnensprossen
- 150 g Schweinefleisch (aus der Nuss)
- 4 EL Fischsauce
- schwarzer Pfeffer aus der Mühle
- 2 Knoblauchzehen
- 1 EL Öl
- 3 Zweige Koriander

raffiniert · zum Verwöhnen

HÜHNERSUPPE MIT KOKOSMILCH

ca. 30 Minuten
ca. 140 kcal

- 1 St. Galgantwurzel (ca. 2 cm lang)
- 1 Stiel Zitronengras
- 400 ml Hühnerbrühe
- 400 ml ungesüßte Kokosmilch (aus der Dose)
- 3 Zitronenblätter
- 3 Zweige Koriander
- 2 große rote Chilischoten
- 4 Frühlingszwiebeln
- 250 g Hähnchenbrustfilet
- 3 EL Fischsauce
- 1 EL Limettensaft
- 1 TL brauner Zucker

1. Die Galgantwurzel schälen und fein reiben. Den Zitronengrasstiel waschen, abtrocknen und danach 3 bis 4-mal knicken.

2. Brühe und Kokosmilch aufkochen. Geriebene Galgantwurzel, Zitronengras und gewaschene Zitronenblätter hinzufügen. Das Ganze zugedeckt bei mittlerer Hitze etwa 20 Minuten köcheln lassen.

3. Den Koriander waschen und fein hacken. Die Chilischoten waschen, entkernen und in feine Streifen schneiden. Die Frühlingszwiebeln in feine Ringe, die Hähnchenbrustfilets in etwa 1 cm breite Streifen schneiden.

4. Zitronengras und Zitronenblätter aus der Suppe nehmen. Die Hähnchenbruststreifen hineingeben und etwa 2 Minuten köcheln lassen. Die Frühlingszwiebelringe dazugeben und alles 1 weitere Minute kochen.

5. Die Suppe mit Fischsauce, Limettensaft und Zucker abschmecken und nochmals kurz aufkochen. Die gehackten Korianderblätter und die Chilischoten darauf streuen.

außergewöhnlich · erlesen

FISCHSUPPE MIT TAMARINDENSAFT

ca. 45 Minuten
ca. 200 kcal

- 2 EL Tamarindenextrakt
- 1 St. Ingwerwurzel (ca. 1 1/2 cm lang)
- 2 Knoblauchzehen
- 3 Schalotten
- 4 große rote Chilischoten
- 250 g Chinakohl
- 300 g festes Fischfilet (z. B. Heilbutt, Wolfsbarsch oder Sankt Petersfisch)
- 1 l Gemüsebrühe
- 3 EL Fischsauce
- 1 TL Garnelenpaste
- 1 EL brauner Zucker

1. Das Tamarindenextrakt mit 100 ml warmem Wasser übergießen und etwa 10 Minuten ziehen lassen. Dann gut durchkneten, bis sich die Kerne lösen. Den Sud durch ein grobes Sieb streichen.

2. Ingwer und Knoblauch schälen. Den Ingwer in dünne Scheiben schneiden und wie auch den Knoblauch fein hacken. Die Schalotten schälen, halbieren und in feine Streifen schneiden. Die Chilischoten waschen, längs aufschneiden, entkernen und in feine Streifen schneiden.

3. Den Chinakohl in einzelne Blätter zerteilen und diese in Streifen schneiden. Die Fischfilets in Stücke schneiden.

4. Gemüsebrühe zusammen mit Fischsauce, Garnelenpaste, Tamarindensaft und Zucker aufkochen. Ingwer, Knoblauch, Schalotten und Chilischoten hinzufügen und alles zugedeckt etwa 5 Minuten köcheln lassen. Chinakohl hinzufügen und etwa 2 Minuten köcheln. Die Hitze abschalten, dann die Fischstücke dazugeben und diese etwa 1 Minute ziehen lassen.

Scharf-saure Garnelensuppe *aufwendig · ausgefallen*

1. Von den Garnelen Köpfe und Schalen entfernen. Die Schalen waschen. Därme entfernen. Zitronengrasstiele knicken. Korianderwurzel und -blätter hacken.

2. Die Garnelenschalen, das Zitronengras und die Korianderwurzel in 1 Liter Wasser aufkochen und 15 Minuten köcheln lassen. Die Zitronenblätter in Streifen schneiden. Die Galgantwurzel in Scheiben schneiden. Chilischoten fein schneiden. Frühlingszwiebeln mit dem Grün in Ringe schneiden. Knoblauchzehen fein hacken. Strohpilze abtropfen lassen.

3. Den Garnelen-Sud abgießen, die Flüssigkeit auffangen und erneut aufkochen. Zitronenblätter, Galgantwurzel, Chilischoten, Frühlingszwiebeln und Knoblauch, Pilze und Garnelen hinzufügen.

4. Die Suppe mit Fischsauce und Limettensaft abschmecken. Etwa 2 Minuten köcheln lassen. Mit gehackten Korianderblättern bestreuen.

(auf dem Foto)

ca. 45 Minuten

ca. 180 kcal

- 500 g mittelgroße, rohe Garnelen mit Schalen (frisch oder TK-Ware)
- 3 Stiele Zitronengras
- 1 ganzer Koriander mit der Wurzel
- 3 Zitronenblätter
- 1 St. Galgantwurzel (ca. 3 cm lang)
- je 2 große rote und grüne Chilischoten
- 2 Frühlingszwiebeln
- 2 Knoblauchzehen
- 1 Dose Strohpilze (ca. 300 g Abtropfgewicht)
- 4 EL Fischsauce
- 4 EL Limettensaft

gut vorzubereiten · raffiniert

ROTE CURRYPASTE

Für ca. 12 Esslöffel
ca. 20 Minuten
ca. 20 kcal pro Esslöffel

- 1 TL Kreuzkümmelsamen
- 1 TL Koriandersamen
- 10 große, getrocknete rote Chilischoten
- 6 Schalotten
- 6 Knoblauchzehen
- 2 St. Galgantwurzel (ca. 2 cm lang)
- 1/2 Kaffir-Zitrone
- 1 TL Garnelenpaste
- 3 EL Öl (bei Zubereitung im elektrischen Gerät)

1. Den Kreuzkümmel und den Koriander in einer Pfanne ohne Fettzugabe rösten und anschließend abkühlen lassen. Die Samen dann im Mörser zerstoßen.

2. Die Chilischoten entkernen und in warmem Wasser für etwa 10 Minuten einweichen. Inzwischen die Schalotten, die Knoblauchzehen und die Galgantwurzel schälen. Alles so fein wie möglich hacken.

3. Die Kaffir-Zitrone mit lauwarmem Wasser abwaschen, trockenreiben und die Schale abreiben. Die eingeweichten Chilischoten aus dem Wasser nehmen, abtropfen lassen und sehr fein hacken.

4. Alle Zutaten in eine Schüssel oder in den elektrischen Universalzerkleinerer geben. Bei Zubereitung im elektrischen Gerät noch 3 Esslöffel Öl dazugeben. Nun das Ganze zu einer glatten Paste verarbeiten.

GRÜNE CURRYPASTE *gut vorzubereiten · scharf*

Für ca. 12 Esslöffel
ca. 20 Minuten
ca. 20 kcal pro Esslöffel

- 2 TL Koriandersamen
- je 1 TL Kreuzkümmelsamen und schwarze Pfefferkörner
- je 4 große und 4 kleine grüne Chilischoten
- 1 große Zwiebel
- 3 Knoblauchzehen
- 1 St. Galgantwurzel (ca. 2 cm lang)
- 1 Stiel Zitronengras
- 2 ganze Koriander mit Wurzeln
- 1/2 Kaffir-Zitrone
- 1 TL Garnelenpaste
- 1 TL Kurkumapulver
- evtl. 3 EL Öl

1. Den Koriander und den Kreuzkümmel in einer Pfanne ohne Fettzugabe rösten und anschließend abkühlen lassen. Die Samen zusammen mit den Pfefferkörnern im Mörser zerstoßen. Die Chilischoten waschen, der Länge nach aufschneiden, entkernen und so fein wie möglich hacken.

2. Die Zwiebel, die Knoblauchzehen und die Galgantwurzel schälen und sehr fein hacken. Von dem Zitronengrasstiel die untersten 10 cm abschneiden. Dieses Stück waschen, trockentupfen und sehr fein schneiden. Den Koriander waschen und die Blätter sowie die Wurzeln sehr fein hacken. Die Kaffir-Zitrone mit lauwarmem Wasser abwaschen, trockenreiben und die Schale abreiben.

3. Alle vorbereiteten Zutaten sowie die Garnelenpaste in eine Schüssel oder in den elektrischen Universalzerkleinerer geben. Bei Zubereitung im elektrischen Gerät 3 Esslöffel Öl dazugeben. Nun das Ganze zu einer einheitlichen Paste vermengen.

scharf · würzig

Fischsauce

ca. 10 Minuten
ca. 20 kcal

- 1 St. Ingwerwurzel (ca. 1 cm lang)
- 2 Knoblauchzehen
- 4 kleine grüne Chilischoten
- 6 EL Fischsauce
- 5 EL Limettensaft

1. Den Ingwer und den Knoblauch schälen, in dünne Scheiben schneiden und fein hacken. Die Chilischoten waschen, der Länge nach aufschneiden, entkernen und so fein wie möglich hacken.

2. Alle vorbereiteten Zutaten sowie Fischsauce und Limettensaft in eine Schüssel geben und miteinander verrühren.

Tipp
Achtung! Wenn Sie Chilischoten zerkleinert haben, kann es bei Haut- und Augenkontakt zu unangenehmen Reizungen kommen. Daher sollten Sie die Hände nach dem Arbeiten sofort gründlich mit Zitronensaft abwaschen.
Ganz Vorsichtigen empfehlen wir, zum Arbeiten Küchenhandschuhe anzuziehen.

gut vorzubereiten · würzig

Gelbe Currypaste

Für ca. 12 Esslöffel
ca. 20 Minuten
ca. 200 kcal

- 5 große, getrocknete rote Chilischoten
- 6 Schalotten
- 3 Knoblauchzehen
- 1 St. Galgantwurzel (ca. 2 cm lang)
- 1 Stiel Zitronengras
- 3 Korianderwurzeln
- 1 Kaffir-Zitrone
- 1 TL Garnelenpaste
- 3 TL Kurkumapulver
- 3 EL Öl (bei Zubereitung im elektrischen Gerät)

1. Die Chilischoten entkernen und in warmem Wasser für etwa 10 Minuten einweichen. Inzwischen die Schalotten, die Knoblauchzehen und die Galgantwurzel schälen. Alles so fein wie möglich hacken.

2. Von dem Zitronengrasstiel die untersten 10 cm abschneiden. Dieses Stück und die Korianderwurzeln waschen, trockentupfen und ebenfalls sehr fein hacken. Die Kaffir-Zitrone mit lauwarmem Wasser abwaschen, trockenreiben und die Schale abreiben.

3. Die eingeweichten Chilischoten aus dem Wasser nehmen, abtropfen lassen und sehr fein hacken. Alle vorbereiteten Zutaten sowie die Garnelenpaste und das Kurkumapulver in eine Schüssel oder in den elektrischen Universalzerkleinerer geben. Bei Zubereitung im elektrischen Gerät 3 Esslöffel Öl dazugeben. Nun das Ganze zu einer eher trockenen Paste vermengen.

(auf dem Foto links)

Massaman-Currypaste *gut vorzubereiten · feurig*

1. Den Kreuzkümmel und den Sternanis ohne Fettzugabe rösten und abkühlen lassen. Beides zusammen im Mörser zerstoßen. Die Chilischoten entkernen und mit warmem Wasser für etwa 10 Minuten einweichen.

2. Inzwischen die Zwiebeln und die Knoblauchzehen schälen. Die eingeweichten Chilischoten ebenso wie die Zwiebeln und die Knoblauchzehen sehr fein hacken.

3. Das Öl erhitzen. Darin die 3 gehackten Zutaten goldbraun braten und abkühlen lassen. Die Galgantwurzel schälen und von dem Zitronengrasstiel die untersten 10 cm abschneiden. Dieses Stück waschen und zusammen mit der Galgantwurzel fein hacken.

4. Die Kaffir-Zitrone mit warmem Wasser abwaschen, trockenreiben und die Schale abreiben. Alle aufgeführten Zutaten in einer Schüssel oder im Mörser sorgfältig zu einer glatten Paste vermengen.

(auf dem Foto rechts)

Für ca. 12 Esslöffel
ca. 20 Minuten
ca. 60 kcal

- 1 EL Kreuzkümmelsamen
- 2 St. Sternanis
- 4 getrocknete Chilischoten
- 2 Zwiebeln
- 20 Knoblauchzehen
- 5 EL Öl
- 1 St. Galgantwurzel (ca. 2 cm lang)
- 1 Stiel Zitronengras
- 1/2 Kaffir-Zitrone

Gurken-Rettich-Salat

gelingt leicht · kühlend

1. Den Rettich schälen und die Salatgurke waschen. Beides auf einem Gemüsehobel in hauchdünne Scheiben hobeln.

2. Die Chilischote waschen, der Länge nach aufschneiden, entkernen und in schmale Streifen schneiden.

3. Dann den Essig mit 5 Esslöffeln Wasser, der Sojasauce, der Fischsauce und dem Zucker in einem kleinen Topf aufkochen. Den Sud etwas abkühlen lassen und noch warm mit dem Gemüse vermengen. Vor dem Servieren das Ganze etwas abkühlen lassen.

(auf dem Foto)

Tipp

Diesen Salat können Sie als Beilage zu sehr scharfen Gerichten servieren. Die Komposition der Zutaten lindert die Schärfe etwas.

ca. 10 Minuten

ca. 90 kcal

- **1 Rettich**
- **1 Salatgurke**
- **1 große rote Chilischote**
- **6 EL Reis- oder milder Weißweinessig**
- **3 EL Sojasauce**
- **2 EL Fischsauce**
- **3 EL Zucker**

Papayasalat mit Garnelen

erfrischend · gelingt leicht

1. Die Garnelen für etwa 30 Minuten in warmem Wasser einweichen.

2. Inzwischen die Papaya schälen und längs halbieren. Die Kerne herausschaben und das Fruchtfleisch auf einer Gemüsereibe fein reiben.

3. Die Tomaten waschen, die Stielansätze herausschneiden, und die Tomaten achteln. Die Knoblauchzehen schälen und fein hacken. Die Chilischoten waschen, der Länge nach halbieren, entkernen und ebenfalls fein hacken.

4. Das Einweichwasser für die Garnelen abgießen. Diese abtropfen lassen und ebenso wie die Erdnüsse grob hacken.

5. Die vorbereiteten Zutaten in eine Schüssel geben und vermischen. Den Salat mit Salz und Limettensaft abschmecken.

Tipp

In Thailand werden Salatzutaten in einem Mörser zerstampft. Wenn Sie selber einen besitzen, dann bereiten Sie doch einmal den Papayasalat nach landestypischer Art zu.

ca. 35 Minuten

ca. 210 kcal

- **1 EL getrocknete Garnelen**
- **1 längliche, grüne, unreife Papaya (ca. 500 g)**
- **2 Tomaten**
- **4 Knoblauchzehen**
- **2 große rote Chilischoten**
- **100 g ungesalzene, geröstete Erdnüsse ohne Schalen**
- **etwas Salz**
- **50 ml Limettensaft**

Tintenfischsalat

evtl. Auftauzeit: 1 Std.
ca. 25 Minuten
ca. 330 kcal

- 4 Schalotten
- 1 St. Ingwerwurzel (ca. 1 1/2 cm lang)
- 2 kleine rote Chilischoten
- 100 g ungesalzene, geröstete Erdnüsse ohne Schalen
- 1 kleine grüne Mango
- 1 Limette
- 3 EL Fischsauce
- 1 Kopf Endiviensalat
- 4 Zweige Koriander
- 500 g küchenfertige Tintenfischringe (frisch oder TK-Ware)

1. Die Schalotten schälen und in dünne Ringe schneiden. Den Ingwer schälen, zuerst in dünne Scheiben und dann in feine Streifen schneiden.

2. Die Chilischoten waschen, der Länge nach aufschneiden, entkernen und sehr fein hacken. Die Erdnüsse ebenfalls fein hacken.

3. Die Mango schälen, das Fruchtfleisch vom Stein wegschneiden und in dünne Streifen schneiden. Die Zutaten in eine Schüssel geben und miteinander vermengen.

4. Die Limette unter fließendem, heißem Wasser abwaschen und trockenreiben. Die Schale dünn abreiben und den Saft auspressen. 3 Esslöffel Saft zusammen mit der Schale zu den anderen Zutaten geben und alles mit der Fischsauce abschmecken. Das Ganze bis zur Weiterverwendung zugedeckt beiseite stellen.

5. Den Salat putzen und ebenso wie den Koriander waschen. Die Salatblätter von Hand in Stücke zerpflücken und 4 Schälchen damit auslegen. Die Korianderblättchen von den Stielen zupfen.

6. Die Tintenfischringe in einem kleinen Topf in siedendem Wasser etwa 1 Minute blanchieren. Sie dann sofort herausnehmen, abtropfen lassen und in die Schüssel zu den beiseite gestellten Zutaten geben. Alles gut miteinander vermengen.

7. Die Tintenfisch-Gemüse-Mischung auf den Salatblättern anrichten und mit den Korianderblättern garnieren.

Tipp

Die grüne Mango bekommt man nur, wenn sie von April bis Juni Saison hat. Wenn Sie diesen köstlichen Salat außerhalb der Saison zubereiten möchten, dann probieren Sie einmal die folgende Variante: Einen süßsauren Apfel (z. B. Boskop oder Jonagold) waschen, vierteln und das Kerngehäuse herausschneiden. Die Viertel in schmale Spalten schneiden und diese mit einigen Esslöffeln Limettensaft beträufeln.

Pfannengerührtes Gemüse

bunt · aus dem Wok

1. Das Gemüse putzen und waschen. Den Brokkoli in Röschen teilen und die Stiele in 2 cm breite Rädchen schneiden. Den Kohl vierteln, die Strünke herausschneiden und die Viertel in 1 cm dünne Streifen schneiden. Möhren schälen und in schmale Stäbchen schneiden. Die Gurke längs vierteln und in 2 cm dicke Würfel schneiden.

2. Die Frühlingszwiebelrohre in 5 cm lange Stücke schneiden und die Knollen halbieren. Die Knoblauchzehen fein hacken. Die Maiskölbchen abspülen und längs halbieren. Die Zuckerschoten eventuell entfädeln und halbieren.

3. Das Öl erhitzen. Den Knoblauch hineingeben und dann das restliche Gemüse. Das Ganze etwa 10 Minuten unter ständigem Rühren bei mittlerer Hitze braten. Das Gemüse soll noch Biss haben.

4. Das Gemüse mit Fischsauce, Reiswein oder Sherry, Sojasauce, Zucker und Pfeffer abschmecken.

(auf dem Foto)

ca. 40 Minuten

ca. 380 kcal

- 200 g Brokkoli
- 200 g Weißkohl oder Chinakohl
- 200 g Möhren
- 1 Salatgurke
- 3 Frühlingszwiebeln
- 5 Knoblauchzehen
- 200 g junge Maiskölbchen (frisch oder aus dem Glas)
- 200 g Zuckerschoten
- 4 EL Erdnussöl
- 3 EL Fischsauce
- 4 EL Reiswein oder Sherry
- 1 EL Sojasauce
- 1 TL brauner Zucker
- schwarzer Pfeffer

Rindfleischsalat

ca. 40 Minuten
ca. 190 kcal

- **2 EL Langkornreis**
- **1 Stiel Zitronengras**
- **4 Zitronenblätter**
- **1 Knoblauchzehe**
- **2 Zweige Pfefferminze**
- **2 Zweige Koriander**
- **2 Frühlingszwiebeln**
- **2 kleine rote Chilischoten**
- **8 Blätter Eisbergsalat**
- **4 EL Limettensaft**
- **1 TL Sojasauce**
- **1/2 TL brauner Zucker**
- **2 Roastbeefstücke à ca. 125 g (ca. 1 cm dick)**
- **etwas Salz**
- **schwarzer Pfeffer aus der Mühle**

1. Den Reis in einer Pfanne ohne Fettzugabe etwa 3 Minuten rösten. Die Körner dann im Mörser zu Grießgröße zerstoßen oder im elektrischen Universalzerkleinerer grob hacken.

2. Den Zitronengrasstiel und die Zitronenblätter waschen und trockentupfen. Das Zitronengras in sehr feine Ringe und die Zitronenblätter mit einer Schere in möglichst feine Streifen schneiden.

3. Die Knoblauchzehe schälen und fein hacken. Die Pfefferminz- und die Korianderzweige waschen, trockentupfen, die Blättchen von den Stielen zupfen und zusammen grob hacken.

4. Das Gemüse und die Salatblätter putzen und waschen. Die Frühlingszwiebeln mit dem Grün in Ringe schneiden. Die Chilischoten der Länge nach aufschneiden und entkernen.

5. Die Salatblätter trockentupfen, von Hand zerzupfen und 4 Teller damit auslegen. Den Limettensaft, die Sojasauce und den Zucker miteinander verrühren.

6. Die Fleischstücke abwaschen und trockentupfen. Das Öl in einer Pfanne erhitzen und die aufgeschlitzten Chilischoten darin kräftig anbraten. Das Fleisch dazugeben und auf jeder Seite je etwa 1 Minute braten (es darf innen noch rosa sein).

7. Die Chilischoten und das Fleisch aus der Pfanne nehmen Die Fleischstücke salzen und pfeffern. Sie dann in möglichst dünne Streifen schneiden.

8. Alle Zutaten außer den Reiskörnern in einer Schüssel zügig vermengen und auf den Salatblättern anrichten. Zum Schluss den zerstoßenen Reis darauf streuen.

Tipp
Die gerösteten Reiskörner machen den Salat knackig und werden in Thailand oft auf Salate gestreut. Dieser »Biss« ist für unseren Geschmack möglicherweise noch gewöhnungsbedürftig. Aber ein Versuch lohnt sich allemal!

Variation
Diesen Salat können Sie auch mit anderen Fleischsorten, wie Hühner-, Enten- oder Schweinefleisch, zubereiten. Wenn Sie Geflügelfleisch verwenden, achten Sie bitte darauf, dass das Fleisch ganz durchgebraten ist.

Gedämpfte Garnelen mit Knoblauch *delikat · erlesen*

1. Die Knoblauchzehen schälen und fein hacken. Den Koriander waschen und trockentupfen. Die Blättchen von den Stielen zupfen und ebenfalls fein hacken. Den Knoblauch und den Koriander mit der Fischsauce vermengen und mit dem Pfeffer würzen.

2. Die Garnelen in einem Sieb unter fließendem, kaltem Wasser abspülen und abtropfen lassen. Die Hälfte davon auf einen großen Teller legen und die Hälfte der Würzmarinade darauf verteilen.

3. Die Kartoffeln waschen und längs halbieren. Sie in eine große Pfanne oder in einen Topf mit den Schnittflächen nach unten legen und mit etwa 300 ml Wasser auffüllen. Den Teller mit den Garnelen auf die Kartoffelhälften stellen und einen Deckel auflegen. Das Wasser zum Kochen bringen und die Garnelen so im Dampf etwa 5 Minuten garen.

4. Mit der anderen Hälfte der Garnelen ebenso verfahren.

(auf dem Foto)

evtl. Auftauzeit: 1 Std.
ca. 20 Minuten
ca. 130 kcal

Für die Garnelen:
- **6 Knoblauchzehen**
- **1 Bund Koriander**
- **2 EL Fischsauce**
- **schwarzer Pfeffer aus der Mühle**
- **300 g mittelgroße, rohe, ungeschälte Garnelen ohne Köpfe (frisch oder TK-Ware)**

Außerdem:
- **3–4 mittelgroße Kartoffeln**

pikant gefüllt · originell **GEMÜSEOMELETTS**

ca. 30 Minuten
ca. 340 kcal

- 1 große Zwiebel
- 1 Tomate
- 100 g Zuckerschoten
- 100 g Sojabohnensprossen
- 1 St. Ingwerwurzel (ca. 1 1/2 cm lang)
- 1 Knoblauchzehe
- 6 frische Eier
- etwas Salz
- schwarzer Pfeffer aus der Mühle
- 3 EL Öl
- 2 EL Fischsauce
- 1 EL Sojasauce

1. Die Zwiebel in dünne Streifen, die Tomaten in kleine Würfel schneiden. Die Zuckerschoten eventuell entfädeln. Die Sprossen kurz abspülen.

2. Den Ingwer fein reiben und den Knoblauch durch die Presse drücken. Eier verquirlen und Ingwer sowie Knoblauch darunter rühren. Die Mischung mit Salz und Pfeffer würzen.

3. Von dem Öl 1 Esslöffel erhitzen. Zwiebel und Zuckerschote darin etwa 5 Minuten unter ständigem Wenden braten. Tomaten und Sprossen hinzufügen und kurz mitdünsten. Mit Fisch- und Sojasauce würzen und zugedeckt auf der ausgeschalteten Herdplatte stehen lassen.

4. Den Backofen auf etwa 50 °C vorheizen. Im restlichen Öl nacheinander 4 dünne Omeletts backen. Sie dann im Ofen warm halten.

5. Die fertigen Omeletts mit dem Gemüse füllen und sie zu viereckigen Päckchen zusammenlegen.

Hackbällchen im Nudelnetz

etwas schwierig · dekorativ

Für 16 bis 18 Stück

ca. 1 Stunde

ca. 350 kcal

- 50 g dünne Eiernudeln
- etwas Salz
- 1 EL Öl
- 1 Schalotte
- 2 Knoblauchzehen
- 1 St. Ingwerwurzel (ca. 1 cm lang)
- ungesalzene, geröstete Erdnüsse ohne Schalen
- 125 g Schweinehackfleisch
- 1/2 TL Garnelenpaste
- 1 EL Limettensaft
- 2 EL Fischsauce
- Fritierfett oder Öl zum Ausbacken

1. Die Nudeln nach der Packungsanweisung in einem großen Topf in reichlich Salzwasser kochen, so dass sie noch Biss haben. Nach der Garzeit das Wasser abgießen und die Nudeln sogleich mit dem Öl vermischen, damit sie nicht aneinander kleben.

2. Die Schalotte, die Knoblauchzehen und den Ingwer schälen und ebenso wie die Erdnüsse fein hacken.

3. Diese Zutaten mit dem Hackfleisch gut vermengen. Die Mischung mit der Garnelenpaste, dem Limettensaft und der Fischsauce abschmecken. Aus der Masse mit leicht angefeuchteten Händen kleine Bällchen formen.

4. Jeweils 4 Nudeln nebeneinander legen und wie ein Netz um die Hackbällchen wickeln.

5. Anschließend in einem hohen Topf oder in der Friteuse das Fritierfett auf etwa 180 °C erhitzen und die Nudel-Hack-Bällchen darin portionsweise fritieren.

Hähnchenfleisch mit Cashewnüssen

einfach · bunt

ca. 30 Minuten
ca. 430 kcal

- 100 g geschälte Cashewnüsse
- 3 Frühlingszwiebeln
- 1 gelbe Paprikaschote
- 2 Tomaten
- 1 St. Ingwerwurzel (ca. 2 cm lang)
- 4 Knoblauchzehen
- 1 große grüne Chilischote
- 500 g Hähnchenbrustfilet
- 2 EL Erdnussöl (ersatzweise Pflanzenöl)
- 4 EL Fischsauce
- 1 TL brauner Zucker

1. Die Cashewnüsse ohne Fett in einer Pfanne hellbraun rösten und bis zur Weiterverwendung zur Seite stellen.

2. Das Gemüse putzen und waschen. Die Frühlingszwiebeln mit dem Grün in grobe Ringe schneiden. Die Paprikaschote halbieren, entkernen und in Streifen schneiden. Tomaten von den Stielansätzen befreien und achteln.

3. Die Ingwerwurzel und die Knoblauchzehen schälen und beides fein hacken. Die Chilischoten waschen, halbieren, entkernen und fein hacken. Das Hähnchenfleisch in 2 bis 3 cm dicke Würfel schneiden.

4. Das Öl in einem Topf erhitzen. Knoblauch, Ingwer und Chilischoten darin anbraten. Die Hähnchenfleischwürfel hinzufügen und 2 bis 3 Minuten kräftig anbraten. Das vorbereitete Gemüse dazugeben und etwa 2 Minuten mitbraten.

5. Das Ganze mit der Fischsauce und dem Zucker abschmecken und die gerösteten Cashewnüsse darauf streuen.

(auf dem Foto)

Hähnchenfilets mit Thai-Basilikum

feurig · gelingt leicht

ca. 30 Minuten
ca. 320 kcal

- 4 Knoblauchzehen
- 2 Zwiebeln
- 2 große rote Chilischoten
- 2 große grüne Chilischoten
- 1 TL frische grüne Pfefferkörner
- 500 g Hähnchenbrustfilet
- einige Zweige Thai-Basilikum
- 2 EL Erdnussöl (ersatzweise Pflanzenöl)
- 2 EL Fischsauce
- 1 EL brauner Zucker

1. Die Knoblauchzehen und die Zwiebeln schälen. Die Chilischoten waschen, der Länge nach halbieren und entkernen. Diese Zutaten so fein wie möglich hacken. Die Pfefferkörner im Mörser zerstoßen und alles in einer kleinen Schüssel zu einer Paste vermengen.

2. Das Hähnchenbrustfilet waschen, trockentupfen und in 1 cm breite Streifen schneiden. Das Thai-Basilikum waschen und trockentupfen. Die Blättchen von den Stielen zupfen und fein hacken.

3. Das Öl in einer Pfanne erhitzen und die Chili-Pfeffer-Paste darin andünsten.

4. Das Hähnchenfleisch dazugeben und etwa 3 Minuten mitbraten. Das Ganze mit der Fischsauce und dem Zucker abschmecken und zum Schluss mit dem Basilikum bestreuen.

nussig · gut vorzubereiten

PUTENFLEISCH IN ERDNUSSSAUCE

ca. 50 Minuten

ca. 490 kcal

- 3 Frühlingszwiebeln
- 1 Stiel Zitronengras
- 2 EL Erdnussöl
- 2 EL Massama-Currypaste (Seite 19)
- 400 ml ungesüßte Kokosmilch (aus der Dose)
- 2 EL Erdnussbutter
- 1 EL brauner Zucker
- 1 EL Essig
- 4 EL Fischsauce
- 500 g Putenschnitzel
- 75 g ungesalzene, geröstete Erdnüsse ohne Schalen

1. Die Frühlingszwiebeln putzen und ebenso wie das Zitronengras waschen. Die Frühlingszwiebeln mit dem Grün in Ringe schneiden. Anschließend den ganzen Zitronengrasstiel 3 bis 4-mal knicken.

2. In einer Pfanne 1 Esslöffel Öl erhitzen. Die Frühlingszwiebeln darin kurz dünsten und dann aus der Pfanne nehmen.

3. Den restlichen Esslöffel Öl in der gleichen Pfanne erhitzen, die Massaman-Currypaste hinzufügen, kurz dünsten und mit der Kokosmilch ablöschen. Die Erdnussbutter, den Zucker, den Essig, die Fischsauce und das Zitronengras dazugeben und alles aufkochen.

4. Das Putenschnitzel abspülen und trockentupfen. Es in schmale Streifen schneiden, zur Sauce geben und darin etwa 2 Minuten köcheln lassen.

5. Nach der Garzeit das Zitronengras entfernen und kurz vor dem Servieren die Nüsse auf das Fleisch und die Sauce streuen.

erfrischend · für Saucenfans

HÜHNERFLEISCH AN GRÜNER CURRYSAUCE

ca. 55 Minuten

ca. 350 kcal

- 500 g Hähnchenbrustfilet
- 2 große grüne Chilischoten
- 3 EL Kokosfett
- 3 EL grüne Currypaste (Seite 17)
- 400 ml ungesüßte Kokosmilch (aus der Dose)
- 3 EL Fischsauce
- 3 EL Sojasauce
- 2 Zitronenblätter
- 1 Zweig Thai-Basilikum

1. Das Hähnchenfleisch abspülen und trockentupfen. Es dann in 2 cm breite Streifen schneiden. Die Chilischoten waschen, der Länge nach aufschneiden, entkernen und in Ringe schneiden.

2. Das Kokosfett in einer Pfanne erhitzen, die Currypaste hinzugeben und kräftig andünsten. Die Paste mit der Kokosmilch ablöschen. Die Sauce aufkochen und mit Fisch- und Sojasauce würzen. Dann die Hitze reduzieren.

3. Die Zitronenblätter waschen und trockentupfen. Sie zusammen mit den Fleischstücken zur Sauce geben und alles bei schwacher Hitze 5 Minuten köcheln lassen. Danach die Zitronenblätter aus der Sauce nehmen.

4. Das Basilikum waschen und trockentupfen. Die Blättchen von den Stielen zupfen und mit den Chiliringen auf dem Fleisch verteilen.

Hühnerleber mit Zwiebeln

schnell · unkompliziert

ca. 15 Minuten

ca. 330 kcal

- 4 Zwiebeln
- 3 Knoblauchzehen
- 1 Frühlingszwiebel
- 3 EL Öl
- 500 g Hühnerleber
- 4 EL Fischsauce
- 2 EL Reis- oder Weißwein
- 1 EL brauner Zucker

1. Die Zwiebeln und die Knoblauchzehen schälen. Die Zwiebeln in Ringe und den Knoblauch in Scheibchen schneiden.

2. Die Frühlingszwiebel putzen und waschen. Die Zwiebelrohre in 2 cm lange Stücke und die Knolle in dünne Ringe schneiden. 1 Esslöffel Öl in einer Pfanne erhitzen und die Frühlingszwiebeln darin 1 Minute dünsten. Sie dann aus der Pfanne nehmen.

3. Die Hühnerlebern putzen, waschen und trockentupfen. Die restlichen 2 Esslöffel Öl erhitzen und die Zwiebeln und den Knoblauch darin einige Minuten dünsten.

4. Das Fleisch hinzufügen, jetzt auf Mittelhitze schalten und die Lebern 2 bis 3 Minuten braten, bis kein roter Saft mehr aus dem Fleisch austritt.

5. Das Fleisch mit der Fischsauce, dem Wein und Zucker abschmecken und Frühlingszwiebeln darauf verteilen.

(auf dem Foto)

Ente in Tamarindensauce

ca. 35 Minuten

ca. 390 kcal

- 2 EL Tamarinden-extrakt
- 4 EL brauner Zucker
- 3 EL Fischsauce
- 12 Knoblauchzehen
- 8 Schalotten
- 1 Baby-Ananas (ersatzweise 4 Scheiben Ananas aus der Dose)
- 2 Entenbrüste à ca. 280 g
- etwas Salz
- schwarzer Pfeffer aus der Mühle

1. Das Tamarindenextrakt mit 100 ml warmem Wasser übergießen und etwa 10 Minuten stehen lassen. Dann von Hand gut durchkneten, bis sich die Kerne lösen und ein dunkelbrauner Sud übrigbleibt. Diesen durch ein grobmaschiges Sieb in eine Schüssel streichen

2. Den Zucker und die Fischsauce zum Tamarindensaft geben. Alle Knoblauchzehen und die Schalotten schälen. 4 Knoblauchzehen durch die Presse drücken und zu den Zutaten in der Schüssel geben. Die restlichen Knoblauchzehen und die Schalotten in feine Streifchen schneiden.

3. Von der frischen Ananas den Schopf und den Stiel abschneiden und die Schale mit einem scharfen Messer entfernen. Die Frucht vierteln und die harten Strünke herausschneiden. Die Viertel der frischen Ananas oder die Ananasscheiben aus der Dose in Stücke schneiden.

4. Die Entenbrüste abwaschen, trockentupfen und mit der Haut in 2 cm breite Streifen schneiden. Sie mit der Hautseite nach unten bei starker Hitze in einer Pfanne ohne Fettzugabe solange braten, bis die Haut kross und sehr braun ist, und fast das gesamte Fett ausgelaufen ist.

5. Die Hitze herunterschalten, die Streifen wenden und weitere 2 Minuten braten. Sie dann aus der Pfanne nehmen.

6. Das ausgetretene Fett bis auf etwa 1 Esslöffel abgießen. Die Knoblauch- und die Schalottenstreifen darin braun braten, mit der vorbereiteten Sauce ablöschen und kurz aufkochen.

7. Die Entenbruststreifen und die Ananasstücke hinzufügen, kurz erhitzen und mit etwas Salz und schwarzem Pfeffer abschmecken.

Schweinefleisch mit Ananas *unkompliziert · fruchtig*

1. Die frische Ananas von Schopf, Stiel und Schale befreien. Die Frucht vierteln und die Strünke entfernen. Die Viertel der frischen Ananas oder die Ananasscheiben aus der Dose in mundgerechte Stücke schneiden.

2. Das Fleisch in dünne Scheiben und danach in schmale Streifen schneiden. Die Zitronenblätter waschen und in feine Streifen schneiden.

3. Das Öl erhitzen und die Currypaste darin andünsten. Die Fleischstücke dazugeben und von allen Seiten kurz anbraten. Die Kokosmilch gut verrühren und die Fleischstücke damit ablöschen.

4. Die Zitronenblätter zur Sauce geben und diese mit der Fischsauce und dem Zucker würzen. Alles etwa 2 Minuten köcheln lassen und dann die Ananasstücke daruntermischen.

5. Die Korianderblättchen von den Stielen zupfen und auf das Gericht streuen.

(auf dem Foto)

ca. 1 Stunde

ca. 530 kcal

- **1 Baby-Ananas (ersatzweise 4 Scheiben Ananas aus der Dose)**
- **500 g mageres Schweinefleisch (aus der Nuss)**
- **4 Zitronenblätter**
- **2 EL Erdnussöl (ersatzweise Pflanzenöl)**
- **2 EL rote Currypaste (Seite 16)**
- **200 ml ungesüßte Kokosmilch (aus der Dose)**
- **3 EL Fischsauce**
- **1 EL brauner Zucker**
- **3 Zweige Koriander**

Fleischspiesse in Erdnusssauce

Marinierzeit: 1 Stunde
ca. 1 Stunde
ca. 580 kcal

Für die Spießchen:
- **1 St. Ingwerwurzel (ca. 2 cm lang)**
- **3 Stiele Zitronengras**
- **2 TL Korianderkörner**
- **2 TL Kreuzkümmelsamen**
- **1 EL brauner Zucker**
- **2 EL rote Currypaste (Seite 16)**
- **200 ml ungesüßte Kokosmilch (Dose)**
- **600 g Schweinefleisch (aus der Nuss; in 1/2 cm dünne Scheiben geschnitten)**

Für die Sauce
- **80 g ungesalzene, geröstete Erdnüsse ohne Schalen**
- **1 EL rote Currypaste (Seite 16)**
- **4 EL Erdnussöl (ersatzweise Pflanzenöl)**
- **200 ml ungesüßte Kokosmilch (aus der Dose)**

1. Den Ingwer schälen. Die Zitronengrasstiele waschen und trockentupfen. Den Ingwer fein reiben und das Zitronengras in feine Streifen schneiden. Die Korianderkörner und den Kreuzkümmel gründlich im Mörser zerstoßen.

2. Bei Verwendung des elektrischen Universalzerkleinerers Ingwer- und Zitronengrasstücke sowie Koriander und Kreuzkümmel in das Gerät geben und alles darin fein hacken. Diese Masse mit dem Zucker, der Currypaste und der gut verrührten Kokosmilch zu einer Paste vermengen.

3. Die dünnen Fleischscheiben mit der Paste bestreichen und etwa 1 Stunde marinieren.

4. In der Zwischenzeit für die Sauce die Erdnüsse fein hacken. Die Currypaste in einem kleinen Topf in knapp 1 Esslöffel Öl kurz dünsten. Dann die gehackten Erdnüsse und die gut verrührte Kokosmilch dazugeben. Die Sauce aufkochen und im geschlossenen Topf köcheln lassen, bis sie sämig wird, sie bis zur Weiterverwendung warmhalten.

5. Die Fleischscheibchen aus der Marinade nehmen und jeweils etwa 2 Stück der Länge nach ziehharmonikaartig auf 16 Schaschlikspieße (ca. 18 cm lang) aufstecken.

6. Die restlichen 3 Esslöffel Öl in einer Pfanne erhitzen und die Fleischspieße auf jeder Seite etwa 2 Minuten braun und knusprig braten.

7. Die Fleischspieße mit der warmen Erdnusssauce servieren.

Tipp
Anstelle der Gewürzkörner und -samen können Sie Koriander und Kreuzkümmel auch gemahlen kaufen. Dann wird die geschälte Ingwerwurzel fein gerieben und das Zitronengras so fein wie möglich gehackt. Anschließend wird beides mit den Gewürzen zu der Paste verarbeitet.

nicht alltäglich · delikat

MASSAMAN-CURRY MIT DREIERLEI FLEISCH

ca. 50 Minuten
ca. 460 kcal

- 200 g Schweinefleisch (aus der Nuss)
- 200 g Rindfleisch (aus der Hüfte)
- 200 g Hähnchenbrustfilet
- 1 St. Ingwerwurzel (ca. 2 cm lang)
- 2 Knoblauchzehen
- 2 EL Öl
- 3 EL Massaman Currypaste (Seite 19)
- 400 ml ungesüßte Kokosmilch (aus der Dose)
- 4 EL Fischsauce
- 2 EL brauner Zucker

1. Das Fleisch unter fließendem kaltem Wasser abwaschen und trockentupfen. Alle Fleischsorten in etwa 2 $^{1}/_{2}$ cm dicke Würfel schneiden.

2. Den Ingwer und den Knoblauch schälen. Ingwer fein reiben und Knoblauch fein hacken.

3. Das Öl in einer großen Pfanne erhitzen. Die Massaman-Currypaste, den Ingwer und den Knoblauch darin einige Minuten dünsten. Nun die Fleischwürfel in die Pfanne geben und unter mehrmaligem Wenden für einige Minuten braten.

4. Das angebratene Fleisch mit der Kokosmilch ablöschen. Die Sauce aufkochen und das Gericht mit der Fischsauce und dem Zucker abschmecken.

Gelbes Rindfleisch-Curry

preiswert · gut vorzubereiten

ca. 2 Stunden

ca. 420 kcal

- **500 g Rindfleisch zum Braten**
- **400 ml ungesüßte Kokosmilch (aus der Dose)**
- **2 EL Öl**
- **3 EL gelbe Currypaste (Seite 18)**
- **3 EL brauner Zucker**
- **3 EL Fischsauce**
- **etwas Salz**
- **10 Cherrytomaten (ersatzweise 10 sehr kleine Strauchtomaten)**

1. Das Fleisch waschen, trockentupfen und in etwa 2 cm dünne Scheiben, diese in etwa 5 cm lange Streifen schneiden.

2. Die Kokosmilch in einem großen Topf aufkochen, das Fleisch dazugeben und zugedeckt bei schwacher Hitze etwa 1 Stunde weich kochen.

3. Die Kokosmilch abgießen und in ein Gefäß füllen. Das Fleisch zur Seite stellen.

4. Das Öl erhitzen und die Currypaste darin kurz dünsten. Sie dann mit der Kokosmilch ablöschen. Das Ganze mit Zucker, Fischsauce und Salz würzen.

5. Die Tomaten waschen. Sie unzerkleinert zusammen mit dem Fleisch hinzufügen und alles nochmals etwa 3 Minuten kochen lassen.

Variation

Eine Variante in Geschmack und Aussehen erhalten Sie, wenn Sie statt der gelben die gleiche Menge der roten Currypaste (Seite 16) verwenden.

SÜSS-SAURE FLEISCHBÄLLCHEN

ca. 20 Minuten

ca 530 kcal

Für die Fleischbällchen:

- **2 Knoblauchzehen**
- **500 g Rinderhackfleisch**
- **schwarzer Pfeffer aus der Mühle**
- **1 EL Fischsauce**
- **1 EL Sojasauce**
- **1 TL Tapiokamehl (ersatzweise Maisstärke)**
- **1 Baby-Ananas (ersatzweise 4 Scheiben Ananas aus der Dose)**
- **je 1 rote und grüne Paprikaschote**
- **1 Dose Strohpilze (ca. 300 g Abtropfgewicht)**
- **2 Frühlingszwiebeln**
- **1 Tomate**
- **4 EL Öl**

Für die Sauce

- **3 EL Fischsauce**
- **2 EL Reis- oder Weißweinessig**
- **3 EL Palmzucker (ersatzweise brauner Zucker)**
- **3 EL Tomatenmark**

1. Die Knoblauchzehen schälen und durch die Presse in eine große Schüssel drücken. Das Fleisch sowie die Gewürze und das Tapiokamehl oder die Maisstärke dazugeben und mit den Händen gut vermengen.

2. Aus der Masse kleine Bällchen (etwa 2 cm Ø) formen. Die Bällchen bis zur Weiterverwendung zugedeckt in den Kühlschrank stellen.

3. Alle Zutaten für die Sauce in einen kleinen Topf geben und gut verrühren. Sie unter ständigem Rühren aufkochen und im geschlossenen Topf einige Minuten köcheln lassen. Die Sauce dann warm halten.

4. Von der frischen Ananas den Schopf und den Stiel abschneiden und die Schale mit einem scharfen Messer entfernen. Die Frucht vierteln und die harten Strünke herausschneiden. Die Viertel der frischen Ananas oder die Ananasscheiben aus der Dose in kleine Stücke schneiden.

5. Die Paprikaschoten waschen, halbieren, entkernen und in Vierecke schneiden. Die Strohpilze auf einem Sieb abtropfen lassen.

6. Die Frühlingszwiebeln putzen und waschen. Die Zwiebelrohre in 3 cm lange Stücke und die Knollen in dünne Ringe schneiden. Die Tomate waschen, den Stielansatz entfernen, und die Tomate achteln.

7. Das Öl in einer großen Pfanne erhitzen und die Hackfleischbällchen darin rundherum in etwa 5 Minuten braun und knusprig braten. Ananas, Paprika, Strohpilze, Frühlingszwiebeln und Tomatenachtel hinzufügen und etwa 3 Minuten mitbraten.

8. Die Sauce zu den Fleischbällchen gießen. Alles miteinander vermengen und das Ganze nochmals kurz aufkochen.

(auf dem Foto)

Hackfleisch mit Bambussprossen *unkompliziert · schnell*

1. Die Knoblauchzehen schälen. Die Chilischoten waschen, halbieren, entkernen und beides fein hacken.

2. Die Bambussprossen abtropfen lassen. Die Zitronenblätter waschen und mit einer Schere in sehr feine Streifen schneiden. Die Gurke waschen, längs halbieren und in $1^1/_2$ cm dicke Scheiben schneiden.

3. Das Öl in einer Pfanne erhitzen. Die Knoblauchzehen und die Chilischoten darin andünsten.

4. Das Fleisch hinzufügen und etwa 5 Minuten krümelig braten. Dann das Ganze mit 5 Esslöffeln Wasser ablöschen und mit Fisch- und Austernsauce abschmecken.

5. Die Zitronenblätter, die Bambussprossen und die Gurken zum Hackfleisch geben und alles noch einmal kurz aufkochen.

ca. 25 Minuten

ca. 400 kcal

- **2 Knoblauchzehen**
- **4 kleine rote Chilischoten**
- **1 Dose Bambussprossen (ca. 300 g Abtropfgewicht)**
- **4 Zitronenblätter**
- **1 Salatgurke**
- **2 EL Öl**
- **500 g Rinderhackfleisch**
- **3 EL Fischsauce**
- **1 EL Austern-Sauce**

Nudeln mit Rindfleisch

ca. 50 Minuten

ca. 670 kcal

- **6 frische oder getrocknete Chinesische Champignons (Shiitake oder Tongupilze)**
- **250 g Eiernudeln**
- **500 g Rinderfilet**
- **250 g Thailändischer Brokkoli (ersatzweise einheimischer Brokkoli)**
- **6 junge Maiskölbchen (frisch oder aus dem Glas, »naturell« eingelegt)**
- **3 Knoblauchzehen**
- **4 EL Öl**
- **1 EL Austernsauce**
- **2 EL Sojasauce**
- **4 EL Fischsauce**
- **1 EL brauner Zucker**
- **schwarzer Pfeffer aus der Mühle**

1. Die getrockneten Pilze für etwa 30 Minuten in warmem Wasser einweichen. Inzwischen die Eiernudeln in siedendem Wasser knapp weich kochen (dies dauert je nach Sorte etwa 5 Minuten). Dann das Wasser abgießen, die Nudeln in ein Sieb geben, mit kaltem Wasser abschrecken und zur Seite stellen.

2. Das Fleisch abwaschen, trockentupfen und in etwa 1 cm dicke Scheiben schneiden. Diese in etwa $^{1}/_{2}$ cm breite Streifen schneiden.

3. Den Thailändischen Brokkoli putzen und waschen. Die Stiele und die Blätter in 2 cm breite Streifen schneiden. Den einheimischen Brokkoli putzen, in Röschen teilen und waschen. Die Stiele in 2 cm dicke Rädchen schneiden.

4. Die Maiskölbchen in ein Sieb geben, kurz abspülen und abtropfen lassen. Sie der Länge nach halbieren. Die Knoblauchzehen schälen und fein hacken.

5. Die eingeweichten Pilze in ein Sieb geben und abtropfen lassen. Die frischen Pilze mit einem feuchten Tuch abreiben. Von den Pilzen die Stiele abschneiden und die Köpfe grob hacken.

6. In einer Pfanne 1 Esslöffel Öl erhitzen. Das Gemüse hinzufügen und unter ständigem Rühren etwa 5 Minuten braten. Nun die Pilze dazugeben und alles nochmals 1 Minute braten. Anschließend alles aus der Pfanne nehmen.

7. In der selben Pfanne 1 Esslöffel Öl erhitzen und die Fleischstreifchen darin 3 Minuten bei mittlerer Hitze braten.

8. Das Gemüse wieder in die Pfanne geben und alles mit Austernsauce, Sojasauce, Fischsauce, Zucker und schwarzem Pfeffer würzen.

9. Die restlichen 2 Esslöffel Öl in einer anderen Pfanne erhitzen und die Nudeln kurz darin braten, bis sie heiß sind. Sie dann auf 4 Teller verteilen und das Fleisch mit dem Gemüse darauf anrichten.

REISNUDELN MIT HACKFLEISCH

gelingt leicht · preiswert

ca. 40 Minuten
ca. 560 kcal

- 100 g dünne Reisnudeln (Vermicelli)
- 500 g Weißkohl
- 1 Frühlingszwiebel
- 4 Knoblauchzehen
- 2 frische Eier
- 4 EL Öl
- 250 g Schweinehackfleisch
- 3 EL Fischsauce
- 1 EL Sojasauce
- 2 EL brauner Zucker

1. Die Reisnudeln mit siedendem Wasser übergießen und für etwa 10 Minuten darin einweichen. Die Nudeln abschrecken und einige Male durchschneiden.

2. Den Weißkohl vierteln und die Strünke herausschneiden. Die Viertel in schmale Streifen schneiden. Die Frühlingszwiebel mit dem Grün in Ringe schneiden. Die Knoblauchzehen fein hacken. Die Eier verquirlen.

3. Nun 2 Esslöffel Öl erhitzen. Weißkohlstreifen und Frühlingszwiebeln hineingeben und einige Minuten braten.

4. Die restlichen 2 Esslöffel Öl erhitzen. Hackfleisch und den Knoblauch hinzugeben, das Fleisch krümelig braten. Verquirlte Eier dazugießen und kurz stocken lassen. Sie dann mit dem Fleisch verrühren.

5. Gemüse und Reisnudeln hinzufügen, alles miteinander vermengen. Das Ganze mit der Fischsauce, der Sojasauce und dem Zucker würzen.

(auf dem Foto)

GEDÄMPFTER FISCH

ca. 45 Minuten
ca. 390 kcal

- **4 frische oder getrocknete Chinesische Champignons (Shiitake- oder Tongupilze)**
- **2 ganze, küchenfertige, ausgenommene und geschuppte Fische à 600 g (z. B. Red Snapper, Meeräschen, oder Goldbrassen)**
- **wenig Salz**
- **2 rote große Chilischoten**
- **1 St. Ingwerwurzel (ca. 2 cm lang)**
- **50 g Speck**
- **1 Stiel Zitronengras**
- **3 Frühlingszwiebeln**
- **4 Zweige Koriander**
- **2 Knoblauchzehen**
- **2 EL Fischsauce**
- **2 EL Austernsauce**
- **2 EL Sojasauce**
- **2 EL Öl**

1. Die getrockneten Pilze für etwa 30 Minuten in warmem Wasser einweichen. Die Fische unter fließendem Wasser gut waschen, trockentupfen und auf jeder Seite 3-mal bis zu den Gräten quer einschneiden. Die Innenseiten mit wenig Salz einreiben.

2. Die Chilischoten waschen, der Länge nach aufschneiden und entkernen. Die Ingwerwurzel schälen und beides zusammen mit dem Speck fein hacken.

3. Den Zitronengrasstiel waschen, trockentupfen und fein hacken. Die Frühlingszwiebeln putzen, waschen und in Ringe schneiden. Den Koriander abspülen und trockentupfen. Die Blättchen von den Stielen zupfen und hacken.

4. Die eingeweichten Pilze abtropfen lassen. Die frischen Pilze mit einem feuchten Tuch abreiben. Die Stiele abschneiden und die Köpfe grob hacken.

5. Alle vorbereiteten Zutaten mischen und die geschälten Knoblauchzehen dazupressen. Die Fische in einen Dämpfaufsatz oder auf den Siebeinsatz des Woks legen und die Gemüsemischung darauf verteilen.

6. Die Fischsauce, die Austernsauce, die Sojasauce sowie das Öl gut miteinander verrühren und dann über den Fisch und das Gemüse träufeln.

7. Etwa 500 ml Wasser in einen großen Topf oder in den Wok gießen und den Dämpfaufsatz oder den Siebeinsatz hineinsetzen. Darauf achten, dass der Boden des Korbes den Wasserspiegel nicht berührt. Das Wasser aufkochen und die Fische zugedeckt für 15 Minuten im Dampf garen.

8. Die ganzen Fische nach der Garzeit vorsichtig aus dem Dämpfaufsatz oder aus dem Siebeinsatz nehmen und am Tisch filetieren.

Tipp
Wenn Sie die Fische in einem Dämpfkorb aus Bambus zubereiten, dann erleichtern Sie sich doch die Reinigung nach dem Kochen: Legen Sie vor dem Dämpfvorgang den Boden mit einem großen Gemüse- oder Salatblatt aus, und geben Sie dann die Fische und das Gemüse darauf. Es eignen sich beispielsweise Blätter von Weiß- oder Chinakohl und von Eisbergsalat.

(auf dem Foto)

Roter Reis und Garnelen

evtl. Auftauzeit: 1 Std.
ca. 50 Minuten
ca. 530 kcal

- **250 g Duftreis (Jasminreis, ersatzweise Langkornreis)**
- **500 g mittelgroße, rohe Garnelen mit Schalen (frisch oder TK-Ware)**
- **8 Knoblauchzehen**
- **1 Stiel Zitronengras**
- **2 EL Sojasauce**
- **1 EL Fischsauce**
- **1 kleine grüne Chilischote**
- **4 Frühlingszwiebeln**
- **2 Tomaten**
- **1/2 Salatgurke**
- **3 EL Öl**
- **2 EL Fischsauce**
- **1 EL Tomatenmark**
- **1 EL brauner Zucker**

1. Den Reis in ein Sieb geben und so lange unter kaltem Wasser abspülen, bis das Wasser ganz klar abfließt. Den Reis zusammen mit 500 ml Wasser bei starker Hitze zum Kochen bringen.

2. Die Hitze auf die niedrigste Stufe herunterschalten. Sobald der Reis nicht mehr köchelt, den Topf zudecken. Den Reis dann bei schwächerer Hitze etwa 15 Minuten ziehen lassen. Ihn dann auskühlen lassen.

3. Die Garnelen schälen, dabei das Schwanzende am Garnelenkörper belassen. Die Därme (dunkle Fäden auf dem Rücken) entfernen. Die Garnelen in einem Sieb unter fließendem Wasser abspülen und abtropfen lassen.

4. Die Knoblauchzehen schälen und 2 Zehen durch die Presse drücken. Die unteren 6 cm von dem Zitronengrasstiel abschneiden, waschen und trockentupfen. Das Stück fein hacken und dann im Mörser zerstampfen. Den durchgepressten Knoblauch, das Zitronengras, die Sojasauce und die Fischsauce vermischen. Die Garnelen darin etwa 30 Minuten marinieren.

5. Die Chilischoten waschen, der Länge nach halbieren, entkernen und in Streifen schneiden. Die Frühlingszwiebeln putzen und waschen. Die Zwiebelrohre in 3 cm lange Stücke und die Knollen in Ringe schneiden. Die restlichen Knoblauchzehen fein hacken.

6. Die Tomaten waschen, von den Stielansätzen befreien und achteln. Die Gurke schälen und der Länge nach vierteln. Sie dann in etwa 1 cm dicke Würfel schneiden.

7. Die Garnelen aus der Marinade nehmen und abtropfen lassen. 1 Esslöffel Öl in einer Pfanne erhitzen und den Knoblauch darin golden braten. Die Garnelen und die Zwiebelringe dazugeben und in etwa 2 Minuten braun braten. Danach alles aus der Pfanne nehmen.

8. Die restlichen 2 Esslöffel Öl erhitzen und den Reis darin braten. Die Fühlingszwiebelrohre, das Tomatenmark, den Zucker und die abgetropfte Marinade hinzufügen. Den Pfanneninhalt gut vermengen. Die Garnelen, die Tomaten und die Gurken untermischen und alles noch einmal stark erwärmen.

Muscheln mit Thai-Basilikum

maritim · etwas aufwendig

1. Die Muscheln waschen, am besten mit einer Bürste abreiben, und eventuell vorhandene Bärtchen herausziehen. Bereits geöffnete Muscheln wegwerfen.

2. Die Paprikaschote waschen, halbieren und entkernen. Das Fruchtfleisch in mundgerechte Stücke schneiden. Die Knoblauchzehen schälen und fein hacken.

3. Das Thai-Basilikum waschen, trockentupfen und die Blätter abzupfen und fein hacken.

4. Das Öl erhitzen und die Paste darin andünsten. Die Paprikastücke, den Knoblauch und Fischsauce dazugeben und kurz mitdünsten.

5. Nun die Muscheln hinzufügen und alles zugedeckt etwa 3 Minuten kochen. Ab und zu den Topf rütteln, damit sich die Muscheln verteilen und aufgehen können. Danach die Muscheln zusammen mit dem Sud auf tiefe Teller verteilen und mit dem Basilikum bestreuen.

(auf dem Foto)

ca. 1 Stunde

ca. 360 kcal

- 2 kg Venusmuscheln mit Schalen
- 1 rote Paprikaschote
- 2 Knoblauchzehen
- einige Zweige Thai-Basilikum
- 2 El Öl
- 1 El rote Currypaste Seite 16)
- 2 EL Fischsauce

erfrischend · zitronig

Fischragout in Currysauce

evtl. Auftauzeit: 1 Std.
ca. 1 Stunde
ca. 250 kcal

- 500 g Fischfilet (z. B. Rotbarsch oder Dorsch)
- 1 rote Paprikaschote
- 3 Frühlingszwiebeln
- 2 Zitronenblätter
- 1 EL Öl
- 2 EL rote Currypaste (Seite 16)
- 400 ml ungesüßte Kokosmilch (aus der Dose)
- 4 EL Fischsauce
- 1 EL brauner Zucker
- 1 EL Limettensaft

1. Das Fischfilet unter fließendem Wasser gründlich abwaschen, trockentupfen und in etwa 3 cm breite Streifen schneiden.

2. Die Paprikaschote waschen, halbieren, entkernen und in feine Streifen schneiden. Frühlingszwiebeln putzen und waschen. Sie mit dem Grün in feine Ringe schneiden. Die Zitronenblätter waschen, trockentupfen und mit einer Schere in möglichst feine Streifen schneiden.

3. Das Öl in einer Pfanne erhitzen und die Currypaste darin andünsten. Sie mit der Kokosmilch ablöschen und mit Fischsauce, Zucker und Limettensaft abschmecken. Die Paprikastreifen und die Frühlingszwiebelringe dazugeben und die Sauce aufkochen.

4. Die Fischstücke hinzufügen und bei schwacher Hitze etwa 3 Minuten darin ziehen lassen. Zum Schluss das Ganze mit den Zitronenblättern bestreuen.

schnell · unkompliziert

Gebratene Garnelen in Knoblauch

evtl. Auftauzeit: 1 Std.
ca. 25 Minuten
ca. 350 kcal

- 3 Knoblauchzehen
- 1 St. Ingwerwurzel (ca. 1 1/2 cm lang)
- 3 ganze Koriander mit Wurzeln
- 1 Frühlingszwiebel
- 500 g rohe Riesengarnelen ohne Schalen (frisch oder TK-Ware)
- 4 EL Erdnussöl (ersatzweise Pflanzenöl)
- 2 EL Fischsauce
- 1 EL Austernsauce
- 1 1/2 EL Zucker
- schwarzer Pfeffer
- 3 EL Reiswein oder Sherry

1. Die Knoblauchzehen und den Ingwer schälen und getrennt fein hacken. Den Koriander waschen und trockentupfen. Die Wurzeln fein hacken, einige Blättchen abzupfen und beiseite legen.

2. Die Frühlingszwiebel putzen, waschen und mit dem Grün in Ringe schneiden. Die Garnelen in ein Sieb geben, unter fließendem Wasser abspülen und abtropfen lassen.

3. Das Öl in einer Pfanne erhitzen und den Knoblauch und die Korianderwurzeln darin andünsten. Die Garnelen hinzufügen und von beiden Seiten je etwa 2 Minuten braten.

4. Das Ganze mit Fischsauce, Austernsauce, Zucker, Pfeffer und Reiswein würzen. Alles etwa 3 Minuten bei schwacher Hitze köcheln lassen, dabei ab und zu wenden.

5. Den Ingwer und die Frühlingszwiebeln dazugeben und weitere 3 Minuten köcheln lassen. Zum Schluss das Ganze mit den Korianderblättchen bestreuen.

Garnelen mit Sojasprossen

exklusiv · festlich

1. Garnelen abspülen und abtropfen lassen. Knoblauchzehen fein hacken. Die Korianderwurzel und -blätter getrennt voneinander fein hacken. Die Korianderwurzel, den Knoblauch und die Garnelen miteinander vermengen. Die Korianderblättchen beiseite stellen.

2. Die Sojasprossen abspülen und abtropfen lassen. 1 Esslöffel Öl erhitzen, die Sprossen darin kurz braten und mit der Sojasauce würzen. Sie aus der Pfanne nehmen und warm halten.

3. Die Strohpilze abtropfen lassen. 2 Esslöffel Öl in die Pfanne geben. Garnelenmischung darin unter Wenden etwa 3 Minuten braten, und dann die Strohpilze dazugeben. Alles mit Fischsauce, Austernsauce und Zucker würzen, nochmals erhitzen.

4. Die Sojabohnensprossen auf 4 Tellern verteilen und die Garnelen-Gemüse-Mischung darauf anrichten. Alles mit gehackten Korianderblättern bestreuen.

(auf dem Foto)

evtl. Auftauzeit: 1 Std.
ca. 25 Minuten
ca. 280 kcal

- **400 g mittelgroße, rohe Garnelen ohne Schalen (frisch oder TK-Ware)**
- **6 Knoblauchzehen**
- **2 ganze Koriander mit Wurzeln**
- **250 g Sojabohnensprossen**
- **3 EL Öl**
- **2 EL Sojasauce**
- **1 Dose Strohpilze (ca. 300 g Abtropfgewicht)**
- **2 EL Fischsauce**
- **2 EL Austernsauce**
- **1 TL brauner Zucker**

Reisnudeln mit Meeresfrüchten

Auftauzeit: ca. 1 Std.
ca. 1 Stunde
ca. 510 kcal

- 350 g küchenfertige gemischte Meeresfrüchte (TK-Ware)
- 180 g dünne Reisnudeln (Vermicelli)
- 1 St. Ingwerwurzel (ca. 2 cm lang)
- 2 Frühlingszwiebeln
- 4 Knoblauchzehen
- 2 rote Paprikaschoten
- 2 grüne Paprikaschoten
- 6 junge Maiskölbchen (frisch oder aus dem Glas, »naturell« eingelegt)
- 5 EL Öl
- 2 EL Austernsauce
- 2 EL Fischsauce
- 3 Zweige Koriander

1. Die Meeresfrüchte auftauen lassen. Die Reisnudeln mit siedendem Wasser übergießen und für etwa 10 Minuten darin liegen lassen. Das Wasser abgießen, die Nudeln unter fließendem kaltem Wasser abschrecken und mit einer Schere einige Male zerkleinern.

2. Die Ingwerwurzel schälen, in Scheibchen schneiden und fein hacken. Die Frühlingszwiebeln putzen und waschen. Die Zwiebelrohre in 2 cm lange Stücke und die Knolle in Ringe schneiden. Die Knoblauchzehen schälen und fein hacken.

3. Die Paprikaschoten waschen, halbieren, entkernen und in Streifen schneiden. Die Maiskölbchen in einem Sieb kurz abspülen und abtropfen lassen.

4. In einer großen Pfanne 1 Esslöffel Öl erhitzen. Die Zwiebelringe und den Knoblauch darin kurz braten. Die Maiskölbchen und die Paprika hinzufügen und kurz mitbraten. Danach das Ganze aus der Pfanne nehmen.

5. Weitere 2 Esslöffel Öl in der gleichen Pfanne erhitzen. Die Nudeln dazugeben und bei starker Hitze unter vorsichtigem Wenden scharf anbraten. Sie aus der Pfanne nehmen.

6. Die Meeresfrüchte in ein Sieb geben, kurz abspülen und abtropfen lassen. Sie in den restlichen 2 Esslöffeln Öl kurz braten. Den Ingwer, die Austern- und die Fischsauce dazugeben und kurz aufkochen. Dann das Gemüse und die Nudeln wieder hinzufügen, alles gut mischen und heiß werden lassen.

7. Den Koriander waschen und trockentupfen. Die Blättchen von den Stielen zupfen und das Gericht damit großzügig bestreuen.

Tipp
Reismehl bildet die Grundlage für diese Nudeln. Sie sind in verschiedenen Ausführungen von breit (etwa 1/2 cm) bis haarfein (Vermicelli) im Handel. In Thailand kann man Reisnudeln sogar in frischem Zustand kaufen. Hierzulande werden sie getrocknet und zu Bündeln geschnürt angeboten. In einem geschlossenen Behälter lassen sich die Reisnudeln monatelang aufbewahren. Alle Sorten, ob breit oder haarfein, werden vor ihrer Verwendung mit siedendem Wasser übergossen und für einige Minuten eingeweicht. Ihre Garzeit beträgt wenige Minuten.

raffiniert · aus dem Wok

RED SNAPPER MIT THAI-BASILIKUM

ca. 40 Minuten
ca. 540 kcal

- **2 küchenfertig ausgenommene und geschuppte Red Snapper à ca. 600 g**
- **Salz • 4 EL Mehl**
- **3 große rote Chilischoten**
- **4 Knoblauchzehen**
- **1 grüne Paprikaschote**
- **1 rote Paprikaschote**
- **5 Zweige Thai-Basilikum**
- **9 EL Öl**
- **4 EL Fischsauce**
- **2 EL Austernsauce**
- **4 EL Wein- oder Reisessig**
- **2 EL brauner Zucker**

1. Die Fische waschen und trockentupfen. Auf jeder Seite 3-mal bis zu den Gräten quer einschneiden und die Innenseiten mit wenig Salz einreiben. Fische im Mehl wenden.

2. Die Chilischoten waschen und entkernen. Die Knoblauchzehen schälen und wie die Chilischoten fein hacken.

3. Die Paprikaschoten waschen, entkernen und in Streifen schneiden. Das Basilikum waschen, die Blättchen von den Stielen zupfen und grob hacken.

4. In einer Pfanne 2 Esslöffel Öl erhitzen. Die Chilis, Knoblauch und die Paprikastreifen hinzufügen und etwa 5 Minuten dünsten. Das Ganze dann mit der Fisch- und der Austernsauce, dem Essig und dem Zucker abschmecken.

5. Das restliche Öl erhitzen und die Fische darin auf beiden Seiten je etwa 7 Minuten braten. Die Fische herausnehmen und das Fett abtropfen lassen. Sie auf einer Platte zusammen mit dem gedünsteten Gemüse und dem Basilikum anrichten.

Red Snapper mit Staudensellerie *leicht · originell*

1. Das Fischfilet in mundgerechte Stücke schneiden.

2. Die Knoblauchzehen schälen und fein hacken. Den Sellerie und die Frühlingszwiebel putzen und waschen. Die Selleriestangen in dünne Rädchen und die Frühlingszwiebel mit dem Grün in feine Ringe schneiden.

3. Etwa 3 Esslöffel Öl in einer beschichteten Pfanne erhitzen und die Fischstücke darin portionsweise von beiden Seiten etwa 2 Minuten unter mehrmaligem Wenden braten. Sie aus der Pfanne nehmen und beiseite stellen.

4. Den restlichen Esslöffel Öl erhitzen. Den Knoblauch und das Gemüse hineingeben und kurz braten. Die Fischstücke wieder dazugeben und das Ganze kurz erhitzen. Alles mit Fisch- und Sojasauce sowie mit Pfeffer abschmecken und vorsichtig mischen.

5. Die Pfefferminzzweige waschen und trockentupfen. Die Blättchen von Hand fein zerzupfen und das Gericht damit bestreuen.

ca. 25 Minuten

ca. 290 kcal

- **500 g Fischfilet vom Red Snapper (Roter Schnapper)**
- **3 Knoblauchzehen**
- **4 Stangen Staudensellerie**
- **1 Frühlingszwiebel**
- **4 EL Öl**
- **2 EL Fischsauce**
- **2 EL Sojasauce**
- **schwarzer Pfeffer aus der Mühle**
- **einige Zweige Pfefferminze**

Gebratener Reis mit Gemüse und Eiern

ca. 1 1/4 Stunden
ca. 490 kcal

- **250 g Duftreis (Jasminreis, ersatzweise Langkornreis)**
- **250 g Thailändischer Brokkoli (ersatzweise Mangold)**
- **1/2 Salatgurke**
- **2 Tomaten**
- **1 Zwiebel**
- **2 Knoblauchzehen**
- **4 EL Öl**
- **2 frische Eier**
- **6 EL Fischsauce**
- **1 EL Sojasauce**
- **2 EL Zucker**
- **schwarzer Pfeffer aus der Mühle**
- **3 Zweige Koriander**

1. Den Reis in ein Sieb geben und so lange unter kaltem Wasser abspülen, bis das Wasser ganz klar abfließt. Den Reis zusammen mit 500 ml Wasser bei starker Hitze zum Kochen bringen.

2. Die Hitze auf die niedrigste Stufe herunterschalten. Sobald der Reis nicht mehr köchelt, den Topf zudecken. Den Reis dann bei schwächerer Hitze etwa 15 Minuten ziehen lassen.

3. Den Thailändischen Brokkoli oder den Mangold putzen, waschen und in 3 cm breite Streifen schneiden. Die Gurke und die Tomaten waschen. Die Gurke in Rädchen schneiden. Die Tomaten von den Stielansätzen befreien und achteln.

4. Die Zwiebel und die Knoblauchzehen schälen. Die Zwiebel halbieren und in schmale Streifen schneiden. Den Knoblauch fein hacken.

5. Nun 2 Esslöffel Öl in einer großen Pfanne erhitzen und die Zwiebeln und den Knoblauch darin dünsten. Den Thailändischen Brokkoli oder den Mangold hinzufügen und etwa 5 Minuten mild dünsten. Die Gurkenrädchen und die Tomatenachtel dazugeben und unter Rühren heiß werden lassen. Die Pfanne vom Herd nehmen.

6. Die Eier in eine Schüssel aufschlagen und mit 3 Esslöffeln Wasser verquirlen.

7. Die restlichen 2 Esslöffel Öl in einer anderen Pfanne erhitzen und den Reis kurz darin braten.

8. Den Reis dann in der Pfanne zur Seite schieben, die verquirlten Eier dazugießen und in etwa 3 Minuten stocken lassen. Sie dann gut mit dem Reis vermengen, so dass die gestockte Eiermasse auseinanderfällt.

9. Die Eier-Reis-Mischung zum Gemüse geben und mit Fischsauce, Sojasauce und Zucker abschmecken. Alles unter Wenden erhitzen.

10. Den Koriander waschen und trockentupfen. Die Blättchen von den Stielen zupfen und auf den Reis streuen.

Tipp
Dieses Reisgericht wird gerne als Beilage serviert. Möchten Sie daraus eine komplette Mahlzeit machen, braten Sie etwa 250 g in Würfel geschnittenen Tofu mit.

THAI-FRUCHTSALAT MIT KOKOSCREME *erfrischend · bunt*

ca. 30 Minuten
Marinierzeit: ca. 30 Min.
ca. 190 kcal

Für die Kokoscreme
- **2 EL Reismehl**
- **400 ml ungesüßte Kokosmilch (aus der Dose)**
- **2 EL Zucker**
- **einige Tropfen Pandanextrakt**

Für den Fruchtsalat
- **1 Mango**
- **1 Baby-Ananas**
- **6 Litschis oder Rambutans**
- **1 kleine, reife orange Papaya**
- **1 Karambole (Sternfrucht)**
- **60 g Zucker**
- **Saft von 1/2 Limette**

1. Die Zutaten für die Kokoscreme in einen Topf geben und gut verrühren. Unter ständigem Rühren bei mittlerer Hitze einmal kurz aufkochen, dann die Hitze zurückschalten. Das Ganze bei schwacher Hitze unter ständigem Rühren etwa 3 Minuten köcheln und anschließend abkühlen lassen.

2. Währenddessen das Obst für den Fruchtsalat vorbereiten. Dazu die Mango schälen. Das Fruchtfleisch vom Stein abschneiden und in Scheibchen schneiden.

3. Von der frischen Ananas den Schopf und den Stiel abschneiden und die Schale mit einem scharfen Messer entfernen. Die »Augen« mit einem spitzen Messer herausschneiden. Die Frucht vierteln und die harten Strünke abschneiden. Die Ananasviertel in kleine Stücke schneiden.

4. Die Schalen der Litschis oder der Rambutans entfernen. Die Papaya schälen, dann halbieren und die schwarzen Kerne mit einem Löffel herausheben. Die Hälften in mundgerechte Würfel schneiden.

5. Die Karambole waschen, abtrocknen und in etwa 1/2 cm dünne Scheiben schneiden. Alle vorbereiteten Früchte in eine Schüssel geben. Die Schüssel zudecken und bis zur Weiterverwendung beiseite stellen.

6. 150 ml Wasser zusammen mit dem Zucker und dem Limettensaft aufkochen. Den Sirup dann über die Früchte gießen und sie für etwa 30 Minuten darin ziehen lassen.

7. Den Fruchtsalat auf 4 recht großen Tellern verteilen und die Kokoscreme separat zum Fruchtsalat servieren.

Tipps
Die in diesem Rezept verwendeten Früchte sind nur eine von vielen Ideen, wie Sie diesen Fruchtsalat zusammenstellen können. Probieren Sie auch einmal eine Komposition aus heimischen Obstsorten, Zitrusfrüchten und Pomelos, den typisch thailändischen Früchten. Sie können anstelle von Pandanextrakt auch 1 Päckchen Vanillezucker und nach Belieben ein paar Tropfen grüne Lebensmittelfarbe verwenden.

etwas schwierig · cremig gefüllt

KOKOSCREPES

ca. 30 Minuten
ca. 420 kcal

- **1 frische Kokosnuss**
- **1 Dose ungesüßte Kokosmilch (400 ml Inhalt)**
- **60 g Reismehl**
- **70 g brauner Zucker**
- **1 frisches Ei**
- **1 EL Kokosfett**

1. Mit einem spitzen Instrument, z.B. einem Nagel, 2 »Augen« der Kokosnuss durchstoßen. Das Kokoswasser auffangen.

2. Die Nuss mit einem Hammer aufschlagen, die Stücke zerkleinern. Das Fruchtfleisch herauslösen und fein reiben.

3. Die dicke Kokosmilchschicht, die etwa die Hälfte des Doseninhalts ausmacht, aus der Dose herausholen und diese Kokossahne beiseite stellen. Die restliche Kokosmilch mit dem Reismehl, 3 Esslöffeln Zucker und dem Ei gut verrühren. 4 Esslöffel frische Kokosraspel hinzufügen und alles miteinander vermengen.

4. Das Fett in einer Pfanne erhitzen. Aus dem Teig nacheinander 4 Crêpes backen, und sie dann warm stellen.

5. Die Kokossahne auf den heißen Crêpes verstreichen. Diese großzügig mit frischen Kokosraspeln und den restlichen 4 Esslöffeln Zucker bestreuen. Die Crêpes einrollen und noch warm servieren.

KOKOSEIS *frisch · gut vorzubereiten*

Für 6 Personen
Quellzeit: über Nacht
Kühlzeit: ca. 5 Std.
ca. 30 Minuten
ca. 450 kcal

- **250 g getrocknete Kokosraspel**
- **5 frische Eigelb**
- **125 g brauner oder weißer Zucker**

1. Am Vortag 200 g Kokosraspel in eine Schüssel geben. 500 ml Wasser aufkochen und Raspel damit übergießen. Sie über Nacht quellen lassen.

2. Die Masse auf einem Sieb abtropfen lassen und von der Kokosmilch etwa 400 ml auffangen. Die Eigelbe mit dem Zucker zu einer hellen, schaumigen Creme verrühren.

3. Die Kokosmilch mit den restlichen Kokosraspeln in einem Topf aufkochen und unter Rühren in die Eigelbcreme gießen.

4. Die Mischung zurückgießen und unter ständigem Rühren bei mittlerer Hitze erwärmen. Sie soll auf keinen Fall kochen, sondern zu einer dicklichen Masse werden.

5. Die warme Kokoscreme in eine Metallschüssel gießen. Diese in eine etwas größere Schüssel mit kaltem Wasser hineinstellen. Die Creme rühren, bis sie abgekühlt ist.

6. Die Kokoscreme in das Tiefkühlgerät stellen und die Masse mindestens 5 Stunden gefrieren lassen.

locker · dekorativ

Litschis in Creme

ca. 1 1/2 Stunden
Kühlzeit: ca. 1 Stunde
ca. 560 kcal

- 5 Eiweiß
- 6 EL Zucker
- 5 Eigelb
- 450 ml Kondensmilch
- 20 frische Litschis (ersatzweise aus der Dose oder aus Melonenfruchtfleisch ausgestochene Kugeln)

1. Die Eiweiße zusammen mit 1 Esslöffel Zucker zu steifem Schnee schlagen und in ein Sieb geben.

2. Etwas Wasser in einem passenden Topf (er sollte etwa 5 cm hoch gefüllt sein) zum Kochen bringen und das Sieb in den Dampf hängen. Einen Deckel auf das Sieb legen und den Eischnee so lange dämpfen, bis er fest ist (dauert etwa 5 bis 10 Minuten). Ihn dann beiseite stellen.

3. Die Eigelbe mit dem restlichen Zucker und der Kondensmilch in einen Metalltopf füllen. Einen größeren mit Wasser füllen und erwärmen. Den kleineren hineinstellen und die Masse zu einer glatten Creme aufschlagen.

4. Die Litschis schälen, in eine flache Schüssel geben und mit der Eigelbcreme bedecken. Den Eiweißschaum darüber verteilen und das Ganze für 1 Stunde kühl stellen.

aromatisch · dekorativ

Gebackene Bananen

ca. 25 Minuten
ca. 500 kcal

Für den Teig:

- 100 g Mehl
- 125 ml ungesüßte Kokosmilch (aus der Dose)
- 1 TL Backpulver
- 1 Prise Salz
- 1 EL Zucker

Außerdem:

- 2 EL Honig
- 2 EL Sesamsamen
- Fritierfett oder Öl zum Ausbacken
- 4 Bananen

1. Alle Zutaten für den Teig zusammen mit 100 ml Wasser zu einer dickflüssigen Creme verrühren.

2. Den Honig in einem kleinen Topf erwärmen. Die Sesamsamen in einer Pfanne ohne Fettzugabe hellbraun rösten.

3. In einem hohen Topf oder in der Friteuse das Fritierfett oder das Öl auf 180°C erhitzen. Die Bananen schälen und schräg in 2 cm breite Scheiben schneiden. Diese im Teig wenden, etwas abtropfen lassen und portionsweise im heißen Fett goldgelb backen. Die Bananenscheibchen warm stellen, bis sie alle gebacken sind.

4. Die gebackenen Bananenscheibchen auf 4 Teller verteilen und den Honig darauf geben. Zum Schluss das Ganze mit den Sesamsamen bestreuen.

(auf dem Foto links)

Süßer Klebreis mit Mangos *fruchtig · pfiffig*

ca. 35 Minuten
ca. 350 kcal

- 1 Dose ungesüßte Kokosmilch (400 ml Inhalt)
- 250 g Klebreis (ersatzweise Rundkornreis)
- 1 Prise Salz
- 60 g Palmzucker (ersatzweise brauner Zucker)
- 2 Mangos
- 2 EL Sesamsamen

1. Die dicke Kokosmilchschicht, die etwa die Hälfte des Doseninhaltes ausmacht, aus der Dose herausheben. Diese Kokossahne (etwa 200 ml) in eine kleine Schüssel geben und zunächst beiseite stellen.

2. Die restliche, flüssige Kokosmilch zusammen mit 300 ml Wasser in einen Topf geben und aufkochen. Den Reis dazugeben und mit Salz und Palmzucker würzen. Ihn zugedeckt bei schwacher Hitze in etwa 20 Minuten weich kochen.

3. In der Zwischenzeit die Mangos schälen. Das Fruchtfleisch vom Stein schneiden und es dann in Spalten schneiden. Die Sesamsamen in einer Pfanne ohne Fettzugabe hellbraun rösten. Abkühlen lassen.

4. Die abgeschöpfte Kokossahne zum Reis geben und gut damit vermengen. Den Klebreis noch warm auf 4 Teller verteilen. Die Mangos darauf anrichten und alles mit den Sesamsamen bestreuen.

(auf dem Foto rechts)

chmeckt warm & kalt · einfach

Orangen in Jasminsirup

ca. 40 Minuten
ca. 300 kcal

- 4 Orangen
- 150 g Zucker
- 2-3 Tropfen Jasminessenz (ersatzweise Rosenwasser aus der Apotheke)
- einige Eiswürfel
- einige Rosenblätter (ersatzweise Zitronenmelisseblättchen)

1. Die Orangen sorgfältig schälen, dabei auch die weißen Häute entfernen und die Früchte entweder quer in Scheiben schneiden oder die Filets herauslösen.

2. Den Zucker zusammen mit 100 ml Wasser zum Kochen bringen und etwa 1/2 Stunde im offenen Topf kochen lassen, bis ein dickflüssiger Sirup entstanden ist. Diesen abkühlen lassen und mit Jasminessenz oder Rosenwasser parfümieren.

3. Die Eiswürfel in einen Plastikbeutel geben und mit einem Hammer oder mit dem Nudelholz fein zerstoßen.

4. Die Orangenfilets auf flachen Schälchen anrichten, den Sirup darübergießen und das zerstoßene Eis darüber streuen. Mit Jasminblüten, Rosenblättern oder Zitronenmelisseblättchen garnieren.

Variation
Sie können statt der Orangen auch 3 reife Mangos nehmen. Diese werden geschält, ihr Fruchtfleisch wird in Spalten geschnitten und wie Orangenfilets angerichtet.

erfrischend · sommerlich

Honigmelone mit Kokos

ca. 15 Minuten
Kühlzeit: 1 Stunde
ca. 190 kcal

- 1 Honigmelone
- 1/2 Vanilleschote
- 400 ml ungesüßte Kokosmilch (aus der Dose)
- 5 EL Palmzucker (ersatzweise brauner Zucker)

1. Die Melone halbieren und die Kerne mit einem Löffel entfernen. Die Hälften in Spalten schneiden. Das Fruchtfleisch mit einem Messer von den Schalen lösen und in mundgerechte Stücke schneiden. Diese in den Kühlschrank stellen und etwa 1 Stunde gut durchkühlen lassen.

2. Die Vanilleschote der Länge nach aufschlitzen und das Mark mit einem spitzen Messer herausschaben.

3. Die Kokosmilch zusammen mit dem Palmzucker und dem Vanillemark in einem Topf unter Rühren erhitzen, bis sich der Zucker völlig aufgelöst hat. Die süße Kokosmilch etwas abkühlen lassen und anschließend im Kühlschrank ebenfalls durchkühlen lassen.

4. Erst kurz vor dem Servieren die Kokosmilch mit den Melonenstückchen vermischen und sehr gut gekühlt servieren.

Mungobohnenklösschen *aufwendig · außergewöhnlich*

Für ca. 12 Klößchen
ca. 40 Minuten
ca. 110 kcal

Für die Klößchen:
- 250 g gespaltene Mungobohnen
- 60 g Palmzucker (ersatzweise brauner Zucker)
- 4 frische Eigelbe

Für den Sud:
- 60 g Zucker

1. Die Mungobohnen mit 500 ml Wasser in einen Topf geben und aufkochen. Die Hitze zurückschalten und die Bohnen bei schwächster Hitze zugedeckt etwa 30 Minuten garen. Die Bohnen sind gar, wenn sie weich sind und die gesamte Flüssigkeit aufgesogen haben.

2. Die Bohnen mit dem Palmzucker in einen großen Mörser oder in den elektrischen Universalzerkleinerer geben und pürieren. Die Eigelbe hinzufügen und alles zu einem Pürree vermengen. Aus der Masse mit 2 Esslöffeln etwa 12 ovale Klößchen formen.

3. 300 ml Wasser mit dem Zucker aufkochen. Die Klößchen vorsichtig hineingeben und 5 Minuten bei schwacher Hitze ziehen lassen.

(auf dem Foto)

raffiniert · originell

Grüne Reismehlklösschen

ca. 30 MInuten

ca. 460 kcal

Für die Klößchen:
- 185 g Reismehl
- 2 EL brauner Zucker
- 1 TL Pandanextrakt

Für den Sirup:
- 150 g Palmzucker (ersatzweise brauner Zucker)

Außerdem:
- 75 g getrocknete Kokosraspel

1. Das Reismehl und den Zucker in eine Schüssel geben. $^1/_8$ Liter heißes Wasser und das Pandanextrakt hinzufügen und alles miteinander vermengen, bis ein glatter Teig entsteht.

2. Für den Sirup $^1/_4$ Liter Wasser mit dem Palmzucker in einem kleinen Topf bei mittlerer Hitze zu Honigdicke einkochen. Den Sirup anschließend abkühlen lassen.

3. Aus dem Reismehlteig fingerdicke Klößchen von etwa 4 cm Länge formen. Die Kokosraspel in einen Suppenteller geben und bereitstellen.

4. In einem Topf mittlerer Größe reichlich Wasser zum Kochen bringen. Die grünen Klößchen vorsichtig hineingeben und bei schwacher Hitze köcheln lassen, bis sie an die Oberfläche steigen.

5. Die Klößchen mit einem Lochsieb herausheben, abtropfen lassen und sofort in den Kokosraspeln wenden. Die Klößchen etwas abkühlen lassen und vor dem Servieren mit dem Sirup übergießen.

Dieses Buch gehört zu einer Kochbuchreihe, die die beliebtesten Themen aus dem Bereich Essen und Trinken aufgreift. Fragen Sie in Ihrer Buchhandlung. Sie erhalten die Titel überall dort, wo es Bücher gibt.

Sie finden uns im Internet: **www.falken.de**

Dieses Buch wurde auf chlorfrei gebleichtem und säurefreiem Papier gedruckt.

Der Text dieses Buches entspricht den Regeln der neuen deutschen Rechtschreibung.

ISBN 3 8068 2512 2

Umschlaggestaltung: Peter Udo Pinzer
Gestaltungskonzeption: Horst Bachmann
Redaktion: Elly Lämmlen
Umschlagfotos: FALKEN Archiv: vorne außen: „Gedämpfter Fisch“, S. 42; vorne innen: „Thai-Fruchtsalat mit Kokoscreme“, S. 55
Fotos: FALKEN Archiv

Produktion & Satz: VerlagsService Dr. Helmut Neuberger & Karl Schaumann GmbH, Heimstetten
Druck: Appl, Wemding

817 2635 4453 6271